中等职业教育通用基础教材系列

就业指导与创业教育

主　审　杨　山　李一峰
主　编　王桂亮　王三刚　易和平
副主编　李行远　黄亚寿　黄金章　罗秋怡
参　编　梁立新　梁　钦

中国人民大学出版社
·北京·

图书在版编目（CIP）数据

就业指导与创业教育/王桂亮，王三刚，易和平主编．—北京：中国人民大学出版社，2017.6
中等职业教育通用基础教材系列
ISBN 978-7-300-24480-8

Ⅰ.①就… Ⅱ.①王… ②王… ③易… Ⅲ.①职业选择—中等专业学校—教材 Ⅳ.①G717.38

中国版本图书馆 CIP 数据核字（2017）第 123129 号

中等职业教育通用基础教材系列
就业指导与创业教育
主　审　杨　山　李一峰
主　编　王桂亮　王三刚　易和平
副主编　李行远　黄亚寿　黄金章　罗秋怡
参　编　梁立新　梁　钦
Jiuye Zhidao yu Chuangye Jiaoyu

出版发行	中国人民大学出版社		
社　　址	北京中关村大街 31 号	**邮政编码**	100080
电　　话	010－62511242（总编室）		010－62511770（质管部）
	010－82501766（邮购部）		010－62514148（门市部）
	010－62515195（发行公司）		010－62515275（盗版举报）
网　　址	http://www.crup.com.cn		
经　　销	新华书店		
印　　刷	北京昌联印刷有限公司		
规　　格	185 mm×260 mm　16 开本	**版　　次**	2017 年 6 月第 1 版
印　　张	11.5	**印　　次**	2022 年 8 月第 10 次印刷
字　　数	250 000	**定　　价**	29.00 元

前言

我们一直从事中职生就业指导与创业教育的教学实践工作，在实践的基础上一直在探索一个问题：如何向中职生传授关于就业与创业的知识、理论、操作技巧、政策法规才是最有效的？怎样才能将知识真正内化为学生自己的东西？我们始终认为，就业指导也好，创业教育也罢，学生永远是主体，教师仅仅起到引导的作用，重在学生的思考和实践环节。本书立足于中职生的角度，引发对就业与创业的认识，从而实现中职生的职业理想。

为帮助学生熟悉国家就业政策、了解社会职业信息、认清就业形势、转变择业观念、科学定位个人发展方向、掌握求职择业技巧、提升职场竞争力与主动适应社会的能力，同时培养学生的创新思维，启发学生重视创造力的培育，大胆创新，为成功创业奠定基础，我们编写了本书。

本书依据中职学生身心发展的特点、需求来编写，内容具有基础性、时代性的特征。本书在编写过程中，既强调就业在人生中的重要地位，又关注中职生的全面发展。通过激发中职生就业的自主意识，树立正确的就业观，帮助他们掌握就业、创业理念和实务，让中职生理性地规划自身未来的发展，并努力在学习过程中自觉地提高职业生涯管理能力、就业能力和创业能力。

本书具有以下特点：

1. 坚持案例教学。本书结合中职生的就业与创业案例分析，培养学生整合知识及运用知识的能力，帮助中职生树立创业的信念，提高其创业的能力。在真实的情境下，针对中职生的特点，对创业者的实际操作给予指导，而不是简单地把学生们学习过的知识再复习一遍。

2. 强调理实结合。专业的理论与鲜活的案例、透彻的分析相结合，通过本书的学习，力图使中职生理解就业与创业的方法。

3. 结构新颖独特。本书结合编者多年来从事中职生就业、创业指导课程教学的经验，在借鉴、吸收国内许多职业规划、就业指导、创业教育类课程教材及相关资料的基础上编写而成，全书增加了就业指导、创业教育的案例，增加了创业指导教育的内容，也增加了一些有助于提高学生阅读与思考兴趣的小知识，能充分调动学生的阅读兴趣。

本书由王桂亮、王三刚、易和平担任主编。就业指导篇由王桂亮、易和平、谢利霞、樊红玉编写，择业求职篇由王三刚、李志海、黄亚寿、袁苗编写，创业教育篇由易和平、梁钦编写，全书王桂亮、王三刚、易和平统稿。在编写过程中，参考借鉴了国内许多同类教材，在此一并表示衷心的感谢。由于编者水平有限，书中难免有不足和遗漏之处，恳请同行专家和读者批评指正。

就业指导篇

择业求职篇

创业教育篇

就业指导篇

- 主题一　职业理想
- 主题二　职业兴趣
- 主题三　职业性格
- 主题四　职业能力
- 主题五　职业目标
- 主题六　职业环境

主题一　职业理想

重要知识点

1. 职业理想的含义。
2. 职业理想的差异性。
3. 职业理想的作用。
4. 如何实现职业理想。

案例引导

新时代的中国工人

全国劳动模范许振超是青岛港的一名桥吊司机，他从事着非常普通的岗位——吊车司机；做着十分单调的工作——把货物从码头吊上车、船，或是从车、船吊到码头。他的职业理想是："咱当不了科学家，但可以做个能工巧匠。"他三十年如一日，凭着一股韧劲，凭着对职业理想的追求，学得真功，练就了一手绝活，开发了"一钩准""一钩清""无声响操作""15 分钟排障"等一项又一项吊装技术。后来，只有初中文凭的许振超从工人迈进了技术主管的行列，当上了桥吊队队长，带领他的桥吊队一年内两次刷新世界集装箱装卸纪录，创造了"振超效率"——每小时装卸 381 个集装箱，总结出富有成效的"振超工作法"，扬名国际航运界！

[小提示]

有正确职业理想的人，会认识到自己对社会的责任，有"螺丝钉"的精神，爱岗敬业，做好每一项具体工作，在实现自己的职业理想的同时创造社会价值，回馈社会。

人们对美好生活的向往和追求要通过职业活动来实现。所以，职业理想的确定，就等于为自己确立了人生最主要的奋斗目标，确立了人生的总体定位。中职生应当充分认识社会大环境，根据自身的客观条件，树立正确的职业理想，按照职业理想的指引来规划自己的人生。

一、职业理想的个体差异性

职业理想是个人对未来职业的向往，职业理想可以确立人生的总体定位和追求的目标。职业理想并不是虚无缥缈的，而是具体、现实的。“具体”是指这种向往和追求不仅是努力的具体方向，而且指向十分具体的职业岗位，并形成不断晋升的岗位阶梯。“现实”是指这种向往和追求建立在社会现实和个人现实的基础上，有实现的可能性，不是脱离实际的空想，而且要根据现实的变化不断做出调整。

职业理想来源于现实，带有明显的个性化特点。职业是具有多样性的，一个人选择什么样的职业，与他的价值取向、知识结构、能力水平、兴趣爱好等都有很大的关系。政治思想觉悟、道德修养水准及人生观决定一个人职业理想的方向；知识结构、能力水平决定一个人职业理想追求的层次；个人的兴趣爱好、气质性格等非智力因素，以及性别、身体状况等生理特征，也影响着一个人的职业选择。因此，职业理想具有一定的个体差异性。

梦想成真

小华是某职业院校电子专业的学生，在校期间她学习刻苦，成绩优秀，毕业后被一家外资公司录用，成为一名生产线上的工人。小华有一个当翻译的梦想，因此她一直坚持学习英语，学习和工作期间都不曾放松。

因为在工作中表现突出，小华被公司派到英国学习专业技术。“我一定要利用这次难得的机会，好好学习英语，提高自己的口语水平。”小华暗下决心。在英国学习期间，小华有意识地抓住每一个锻炼机会，英语水平提高很快。为了实现当翻译的理想，小华又继续求学深造。后来，在公司英语翻译竞聘时，由于她不仅有较高的英语水平，还具有专业技术知识，受到评审人员的一致认可，获得了英语翻译这个职位。

在翻译工作岗位上，小华兢兢业业，踏实工作，几年后又通过竞聘成为公司的首席翻译，不仅实现了自己的职业理想，也实现了由生产线工人到首席翻译的职业飞跃。

[思考]

小华为什么能坚持努力学习英语？

有了职业理想，既明确了人生的总体定位，也意味着找到了现实与理想之间的通道。沿着这一通道，我们可以规划人生发展各阶段的具体目标。可以说，职业理想是一个“远景规划”，有了这个规划，我们就可以据此确定职业发展的阶段性目标。比如：在校期间要达到什么目标？毕业五年后要达到什么目标？30 岁时的目标是什么？等等。这样就能够把我们的职业理想落到实处，把一个长期的大任务，分解成一个个比较小的任务，使我们能够更好地计划每个阶段的行动。

在制定职业人生规划时必须要注意的是：首先，所要制定的目标要是现实的，而不是完全不可能实现的空想；其次，通往最终目标的过程要分阶段，每个阶段再设置明确的阶段性目标；最后，目标之间的相关性要高，完成和未完成目标之间要能够自然、顺利地过渡。这样，实现目标的可能性才越高。

课堂讨论

职业理想的困惑

谈到我心中的职业理想，我真的很困惑，总是觉得什么都想做，又做什么都不能达到心目中的彼岸。如果硬要说的话，那我只能说我心目中的职业理想是成功！

我一直想当一名成功的女性，企业家也好，政治家也好，只要能达到我心中的地位。很多人都会说女生只要有个幸福的家庭就好，何必要当女强人呢？但我却不赞同。我从懂事以来一直崇拜和羡慕那些幽雅、高贵的人士，他们的能力让我渴望，他们的贡献更让我佩服。当然这都是他们努力的结果。

我一直迷茫，内心虽然充满斗志，但却不知何处才是我的归依。小时候想当科学家，但长大后觉得这是不切实际的梦，而且当科学家还很沉闷，整天要埋头研究。这一点我倒很明确，我不是一个喜欢沉闷的人。我喜欢四处闯荡，这很让人畅快！但前面我提过，我想成为一名成功的女性。我实在是找不出既能让我游玩，又能达到成功的目的。故而，我把目标转向了最现实的职业——企业家。

企业家不仅需要有胆识谋略，还需要交际能力，除非你有强大的家族后盾。很显然，我没有。因此，我要进行多方面的培养，其中我觉得最困难的是交际方法。我向来不是很会与人言谈的人，除非是非常熟识的人。所以我希望在职校学习的三年里，尽可能地和他人多交流。但又有一点让我很是头痛，我经常很雄心地立誓，但过后没多久我就无法坚持了，这也许就是所谓的三分钟热情吧。我深深地知道这是成功的致命点，所以我又多了一项要培养的习惯——持之以恒。

［讨论］

你遇到过这样类似的困惑吗？请发表你的看法。

二、职业理想对人生发展的作用

一个人只有树立了职业理想，才能努力学习和工作。职业理想是个人成长的动力，只有不断进取，才能在平凡的工作岗位上勤勤恳恳、任劳任怨，创造出不平凡的业绩。反之，如果一个人缺乏职业理想，就会失去学习和工作的动力，浑浑噩噩，庸庸碌碌，虚度一生。职业理想既能促使我们不断提高自身素质，为获得理想的职业做好准备，又能推动我们的职业生涯不断地向前发展。一个人在能力所及的范围内，追求的目标越高，直接激发的动力也就越大，潜力就越能得到充分的发挥。

中职生应该根据自身特点及社会发展的需要，确立正确的职业理想，并用职业理想在最艰苦、最困难的时候激励自己，使自己能够更快、更好地成长，为即将开始的职业生涯做好准备。

无论从哪个层面去实现人生价值，总要依托某一职业，因此，对职业理想的追求必然会促进人生价值的实现。有正确职业理想的人，会对自己的职业前途充满信心，乐于把精力倾注到自己热爱的事业中去，活出闪亮的自我，实现个人价值。

作为一名有志青年，我们要用职业理想激励自己实现人生价值，还要服务社会、回报社会，在推动社会进步的过程中提升自我。

三、个人职业理想与社会发展

每个人都是社会的一分子，每个人在自己的工作岗位上辛勤工作，就是为社会、为人类做出了自己的贡献。个人职业理想的树立和为之付出的努力，在客观上推动了社会的发展和进步。

职业有明显的社会性，每个人从事的职业活动，既是在为实现自己的职业理想而努力，也是在为社会创造价值，履行着公民对社会应尽的义务。

如果每个职业人都乐业、勤业、敬业，各行各业都正常运转，社会就会不断向前发展。而能使职业人乐业、勤业、敬业的最佳动力就是职业理想。每个职业人如果都能坚守自己的职业理想，在职业理想的引领和激励下努力工作、奋发有为，主动把精力倾注到自己的职业活动中，就一定能在实现个人职业生涯发展的基础上，推动经济发展，促进社会进步，实现全社会的共同理想。

职业理想与社会贡献

从古至今，从国内到国际的许多科学家、发明家和思想家，发挥自己的聪明才智，在实现自己职业理想的同时，为人类、为社会做出了巨大的贡献。例如，战国时期修建的都江堰水利工程，就是决心变水患为水利的李冰父子的杰作，至今仍发挥着水利工程的作用；“杂交水稻之父”袁隆平的水稻杂交技术，有助于解决十几亿中国人的吃饭问题，对人类发展也是一大贡献；以比尔·盖茨为代表的计算机专家开发的计算机软件系统，让个人电脑进入了世界的每一间办公室、每一个家庭，使人们在任何时候、任何地方都可以获得信息，享受网络时代带来的便利。

四、实现职业理想

职业理想是构建和谐社会的基础，从业者通过自己创造性的劳动，为社会的发展做出贡献；经济社会发展了，又能创造更多的就业岗位，为更多的人创造就业机会；为从业者增加报酬，从而有助于从业者及其家庭物质和精神生活水平的提高。而这一理想的社会状态，来自每个社会成员都有自己的职业理想。如果每个人都能通过正当的职业活动去追求职业理想，就一定能在社会需要的工作岗位上发挥聪明才智，为社会发展做出贡献。

作为即将走上工作岗位的青年人，中职生应该明确自己承担的社会责任，为了个人的不断进步，也为了国家和社会的不断发展，及早确立自己的职业理想，让职业理想指引我们实现自己的人生价值。

为了努力实现职业理想，发挥职业理想对人生发展、社会发展的重要作用，做好职业生涯规划是十分必要的一步。职业生涯规划有助于职业理想的职业生涯规划，有助于促进职业理想的实现。如果对自己的职业生涯没有科学的规划，那么再正确、再崇高的职业理想也会成为空中楼阁。做好职业生涯规划，就是为了更好地实现职业理想，更充分地发挥职业理想的导向作用和动力作用。职业理想的实现不能依赖“明天”，要从现在做起。通过规划自己的职业生涯，我们可以更明确自己的阶段发展目标，对努力的方向心中有数；通过规划自己的职业生涯，我们可以细化实现目标和理想的具体措施，能够自我督促、自我激励；通过规划自己的职业生涯，我们可以将实现职业理想的步骤更细化，使其更具有操作性，使职业理想不再是空洞的口号，而是转化为实实在在的行动。

为了实现职业理想，我们应当从现在开始，着手规划自己的职业生涯，一步一个脚印，朝着自己的职业理想不断迈进。

职业生涯规划虽然对实现职业理想很有帮助，但并不是随便做个规划就可以促进职业理想实现的，职业生涯规划还必须科学、合理。什么样的职业生涯规划是科学、合理的呢？

首先，制定职业生涯规划时要瞄准职业理想，以职业理想为目标，不能偏离这一目标。

其次，制定职业生涯规划时要立足自身，从自己的实际条件出发，制定适合自己的职业生涯规划。如果对自己的情况不了解，不清楚自己想干什么、适合干什么、能干什么，就盲目制定职业生涯规划，职业理想的实现便会成为泡影。

最后，制定职业生涯规划时要综合考虑社会因素，如了解市场需要什么人才、当地有什么资源可以利用、哪些人际关系资源有助于实现职业理想等。形象地说，就是要做到天时、地利、人和。

小知识

如何看待“天时、地利、人和”

(1) 天时。要知道国家经济发展的大趋势、我国经济处于什么时期、在世界上扮演什么样的角色。“天时”对每个人都是平等的，“天时”是机遇，可遇而不可求，必须做好准备，待机而动。

(2) 地利。首先要了解本地区的经济特色和未来发展趋势，尽可能利用区域的经济发展机遇；其次要分析所在职业学校的特色、专业特色和毕业生就业特点、就业方向。

(3) 人和。首先要了解你的家庭成员及社会关系；然后要熟悉你所在学校教师和你的同学、朋友在内的人际网络。要处理好周围的人际关系，并善于从人际网络中寻找对自己未来职业有积极意义的成员，多向他们学习，多与他们交流，从中获益。

课外拓展

我的职业理想

1. 未来我最想实现的职业理想：

(1) ______________________________。

(2) ______________________________。

(3) ______________________________。

(4) ____。

2. 每次删掉一个最想，并谈感想。

首先删除：____。

其次删除：____。

最后删除：____。

3. 必须实现这个职业理想的理由：

(1) ____。

(2) ____。

(3) ____。

4. 为了实现我的职业理想，我必须做以下努力：

(1) ____。

(2) ____。

(3) ____。

5. 从现在开始我就要做的事情是：

(1) ____。

(2) ____。

(3) ____。

思考题

1. 如何认识职业理想的差异性？
2. 简述职业理想对个人学习的作用。
3. 职业理想对职业生涯规划有哪些影响？
4. 如果工作职责与职业理想不一致，你会怎么办？

主题二　职业兴趣

重要知识点

1. 职业兴趣的含义。
2. 职业兴趣的重要作用。
3. 良好职业兴趣的特征。
4. 职业兴趣的培养。

案例引导

追踪哈佛毕业生的事业发展

科研人员开展了一项针对 1 500 名美国哈佛大学毕业生的研究，目的在于追踪他们的事业发展。这些毕业生在一开始就被分成两组，第一组的人说想先赚钱，然后才做自己感兴趣的事；第二组的人则先追求他们真正的兴趣，认为以后财富自然会滚滚而来。其中，想先赚钱的第一组有 1 245 人，占 83%；想先凭兴趣工作的第二组有 255 人，占 17%。20 年后，这 1 500 人中共产生 101 名百万富翁，只有 1 人属于先赚钱后关注兴趣的第一组！

[小提示]

职业兴趣是人们通过参与到某种自己感兴趣的职业而体验到心理上的满足后产生的长期心理感受。职业院校学生起初可能对许多职业都有兴趣，但这种兴趣往往都是短暂的、多变的，随着对职业认识的深入，职业的中心兴趣会逐步形成，进而对从事某项职业十分向往，并希望体验到快乐，这就是比较稳定的职业兴趣。

我们如果能根据自己的兴趣确定职业目标，个人的主动性就能得到充分发挥，即使工作十分枯燥和辛劳，也总是兴致勃勃、心情愉快；即使困难重重，也绝不会灰心丧气，而会想尽办法，百折不挠地克服困难。当然，在现实生活中，由于种种因素的限制，我们所选的职业未必能如愿，遇到这种情况，我们应当积极采取多种途径和方法，努力培养对所选职业的兴趣。

一、认识职业兴趣

兴趣是最好的老师，对我们的发展有一种神奇的推动力量。发现并培养自己对专业乃至职业的兴趣，就会对该种职业活动表现出肯定的态度，乐于发挥积极性，有助于事业的成功。

有人给比尔·盖茨出了这样一个题目："你的办公桌有五个带锁的抽屉，分别贴着财富、兴趣、幸福、荣誉、成功五个标签，你只能带一把钥匙，而把其他的四把锁在抽屉里，请问盖茨先生，你带的是哪一把钥匙?"

比尔·盖茨回答："毫无疑问，兴趣！兴趣中隐藏着你人生的秘密。"你的回答是什么？看了比尔·盖茨的回答，你对"兴趣"产生兴趣了吗?

就人生的不同阶段而言，职业兴趣与职业选择之间的必然联系有着程度上的不同。在初始阶段，我们要解决一些很实际的问题，可能不能过于强调兴趣。如果暂时不能按照自己的兴趣去选择职业，可以平时多积累，更好地充实自己，当机会降临的时候，才不会错过。按兴趣去工作会让自己更容易成功，生活更快乐。

兴趣的培养有多种方式，对于职业学生来说，首先应该认识到专业、职业的重要性，加强专业知识的学习与专业技能的提高，发现并培养兴趣，增强专业学习的自觉性；其次，在实习、实训、实践中加强锻炼，体验学习中的乐趣，在实际工作中不断取得新成绩，强化成就感。

职业兴趣指人们对某种职业的关注程度及乐于从事某职业的积极态度与倾向。人们在选择职业时，更倾向于寻找与自己兴趣有关的职业。职业兴趣可以通过工作动机来促进能力的发挥，当职业兴趣与能力合理结合的时候，能大大提高工作效率，实现职业的成功。

有研究表明，如果一个人从事他感兴趣的工作，能发挥他全部才能的80%～90%，长时间保持高效率并不感到疲惫；如果他对从事的工作不感兴趣，则只能发挥他才能的20%～30%，而且容易筋疲力尽。兴趣也能影响工作满意感和稳定性，一般来说，从事自己不感兴趣的职业，很难让人感到满意，并因此感到工作不稳定。

小案例

四只毛毛虫的故事

第一只毛毛虫跋山涉水，终于来到一棵苹果树下。它根本就不知道这是一棵苹果树，也不知道树上长满了红红的可口的苹果。当它看到其他的毛毛虫往上爬时，稀里糊涂地就跟着往上爬，没有目的，不知终点，更不知自己到底想要哪一个苹果，也没想过怎么样去摘取苹果。它的最后结局呢？也许找到了一个大苹果，幸福地生活着；也可能在树叶中迷了路，过着悲惨的生活。不过可以确定的是，大部分的虫都是这样活着的，没想过什么是生命的意义、为什么而活着。

第二只毛毛虫也爬到了一棵苹果树下。它知道这是一棵苹果树，也确定它的“虫”生目标就是找到一个大苹果，问题是它并不知道大苹果会长在什么地方。但它猜想：大苹果应该长在大枝叶上吧！于是它就慢慢地往上爬，遇到分枝的时候，就选择较粗的树枝继续爬。于是它就按这个标准一直往上爬，最后终于找到了一个大苹果。这只毛毛虫刚想高兴地扑上去大吃一顿，但是放眼一看，它发现这个大苹果是全树上最小的一个，上面还有许多更大的苹果。更令它泄气的是，要是它上一次选择另外一根分枝，它就能得到一个大得多的苹果。

第三只毛毛虫也到了一棵苹果树下。这只毛毛虫知道自己想要的就是大苹果，并且研制了一副望远镜。还没有开始爬时，它就先利用望远镜搜寻了一番，找到了一个很大的苹果。同时，它发现当从下往上找路时，会遇到很多分枝，有各种不同的爬法；但若从上往下找路，却只有一种爬法。它很细心地从苹果的位置，由上往下反推至目前所处的位置，记下这条确定的路径。于是，它开始往上爬了，当遇到分枝时，它一点儿也不慌张，因为它知道该往哪条路走，而不必跟着一大堆虫去挤破头。比如说，如果它的目标是一个名叫“教授”的苹果，那应该爬“深造”这条路；如果目标是“老板”，那应该爬“创业”这根分枝。最后，这只毛毛虫应该会有一个很好的结局，因为它已经有自己的计划。但是真实的情况往往是，因为毛毛虫的爬行速度相当缓慢，当它抵达时，苹果不是被别的虫捷足先登，就是苹果已熟透而烂掉了。

第四只毛毛虫可不是一只普通的虫，它做事有自己的规划。它知道自己要什么样的苹果，也知道苹果将怎么长大。因此，当它带着望远镜观察苹果时，它的目标并不是一个大苹果，而是一朵含苞待放的苹果花。它计算着自己的行程，估计当它到达的时候，这朵花正好长成一个成熟的大苹果，它就能得到自己满意的苹果。结果它如愿以偿，得到了一个又大又甜的苹果，从此过着幸福快乐的日子。

二、良好职业兴趣的特征

1. 差异性

不同的职业需要有不同的兴趣特征，一个动手能力强、喜欢技能操作的人，可以在自己喜爱的工作领域大显身手、施展才华，如果要让他从事研究型或其他类型的工作，他就会感到束手无策，找不到用武之地。正是这种兴趣特征的差异，构成了人们选择职业的重要依据。

2. 广泛中有聚焦

职业兴趣具有广泛性与中心性等特征。有的人上通天文，下知地理，古今中外无所不晓；有的人则除了与自己工作学习有关的知识外，对其他事情不闻不问，这实际上就是职业兴趣广度上的差异。马克思是一个兴趣十分广泛的人，他不仅是革命家、政治家、哲学家、经济学家，而且爱好数学、天文，对许多自然科学也有着浓厚的兴趣，他的名言是："人类的一切东西对我都不是陌生的"。

有人评论《红楼梦》时指出：曹雪芹在写大观园建筑时，表现出他是一个精通建筑学的建筑师；写大观园的花草树木时，他又像颇有研究的植物学家；在给病人开的药方中，又显露了他的医学才能；而描写人物内心冲突和刻画典型性格方面，他又是一个造诣很深的心理学家。没有广泛的兴趣是不可能写出这样不朽的著作的。

一个人的兴趣要广，但必须与职业兴趣相结合。否则，将会变得样样通，样样松，最后一事无成。因此，良好的职业兴趣必须在广博的基础上，有聚焦。马克思的兴趣广泛，被称为"科学巨匠"，但"马克思首先是一个革命家"；曹雪芹的兴趣广泛，知识渊博，但他主要还是个小说家。只有在广泛职业兴趣的背景上有决定活动基本倾向的中心兴趣，才能使人获得深邃的知识，使职业活动充满乐趣。

3. 相对稳定性

良好的职业兴趣还必须有相对稳定性。有的人职业兴趣一旦形成就始终如一，稳定不变；还有的人职业兴趣波动多变，缺乏稳定性和持久性，对某一职业很容易发生兴趣，但很快又被另一兴趣所代替，这种人见异思迁，很难适应职业活动的需要。

因此，每个人的职业选择和职业活动在其兴趣爱好的基础上还要遵从科学规律，符合程序规则。在追寻兴趣之外，更重要的是要找寻自己终身不变的志向，以锐意进取的精神攀登事业的巅峰。

小知识

职业兴趣的发生和发展历程

职业兴趣是成就的重要推动力，它能将一个人的潜力最大限度地调动起来，使他长期专注于某一方向，做出艰苦的努力，取得骄人的成绩。职业兴趣的发生和发展一般经历这样一个过程：有趣—乐趣—志趣。

第一个阶段：有趣。它是兴趣发展的低级水平。它很不稳定，如白驹过隙，短暂易逝。处于这一阶段的兴趣常常与一个人对某一事物的新鲜感相联系，随着这种新鲜感的消失，兴趣也会自然逝去。

第二个阶段：乐趣。它是在有趣定向发展的基础上形成的，是兴趣发展的中级阶段。

在这个阶段中，人们的兴趣会变得专一、深入，会沉迷其中，自得其乐。诸如球迷看球、追星族众星捧月等，不到筋疲力尽不肯罢休，他们的专注都是因为乐在其中。

第三个阶段：志趣。当乐趣同一个人的社会责任感、理想、奋斗目标结合起来时，乐趣便成了志趣。志趣贯穿于一个人的生命历程，时时刻刻、随时随地鼓舞着人们向着光辉的人生顶点迈进。“三军不可夺其帅，匹夫不可夺其志”，一个人没有志趣，职业上将难有所作为，事业上将一事无成。

三、职业兴趣探索

职业兴趣是一个人在探究某种职业或者从事某种职业活动时，所表现出的特殊个性倾向，它使个人对某种职业给予优先的注意，并具有向往的情感。只要不断培养自己的职业兴趣，就能够让自己在从事这一职业的过程中获得更多的愉悦。

课堂讨论

挑选工作

现在有两份工作摆在面前：一份工资待遇较高，但与自己的兴趣并不吻合；另一份工资待遇较低，却是自己喜欢的。有人认为：“先接受那份待遇高而自己不感兴趣的工作，积累一定的财富后，再去追求自己的兴趣爱好。”

[讨论]

请说说你的选择，并说明理由。

一个人在生命的早期所产生的兴趣是不稳定的，只有到了一定的年龄阶段（成年），才能形成稳定的、现实的职业兴趣。职业环境的变化、社会生活的日益丰富、科学技术的发展，以及新行业和新职业的不断出现，都会对人的兴趣产生影响。有些人兴趣一经形成就稳定不变，尽管以后兴趣面不断拓宽，但始终保持原来的职业兴趣；有些人则职业兴趣多变，缺乏稳定性和持久性，对某一职业很容易发生兴趣，但很快又被另一种职业兴趣代替。在选择职业时，这种态度很难适应职业生涯的要求。只有稳定的职业兴趣才能推动深入研究问题，从而获得系统和深刻的知识，奠定职业成功的基础。

职业兴趣对职业生涯的作用体现在以下两个方面：

（1）职业兴趣是职业选择的重要依据。在求职过程中，除了薪酬高低等因素，职业兴趣也是职业选择的重要依据。满足职业兴趣需求，常常会使人体验到工作的愉悦，进而形成坚定的职业志趣，并为之尽心竭力。

（2）职业兴趣可以提高职业稳定性和工作满意度，增强职业生涯的适应性。因为兴趣可以通过工作动机促进能力的发挥，兴趣和能力的结合会大大提高工作效率。在职场中，对自己从事的职业有兴趣的人和没有兴趣的人，其工作中的效率与满意度是不一样的。

不同的人有不同的兴趣，有的人对研究自然科学感兴趣，有的人对研究社会科学感兴趣；有的人倾向于情感世界，活跃于人际关系领域，有的人则倾向于理性世界，在数学、公式领域内自由翱翔；有的人对智力操作感兴趣，对读书、写作、演讲、设计乐此不疲，有的人对技能操作感兴趣，对修理、车、钳、刨、摄影、琴、棋、书、画津津乐道。

不同的职业也需要不同的兴趣特征，一个擅长技能操作的人，靠他灵活的双手在技能操作领域得心应手，但如果硬要把他的兴趣转移到书本的理论知识上来，他就会感到无用武之地。正是这种兴趣上的差异，构成人们选择职业的重要依据。因此，兴趣对人生事业的发展至关重要，所以兴趣自然是职业选择应考虑的重要因素之一。

库德职业爱好调查表

在职业兴趣分类方面，比较有名、使用时间较长的是库德职业爱好调查表的分类。它将职业兴趣分为以下 10 类：

（1）户外：大多数时间愿意在户外度过，愿与大自然打交道，喜欢从事地理、地质、动物、植物等方面工作。相应的职业有：地质勘探人员、登山队员、森林管理者、考古人员、农业人员等。

（2）机械：愿意与工具、机器打交道，而不喜欢从事与人打交道的职业，并希望制作能看得见、摸得着的产品。相应的职业包括：车钳工、修理工、裁缝、钟表工、建筑工、司机、农机手、制造工程师、技师等。

（3）计算：喜欢与数字计算和文字符号类有关的活动，工作的规律性较强。相应的职业包括：会计、银行工作人员、邮件分类员、图书管理员、档案管理员、统计员等。

（4）科研：喜欢去发现新的现象和解决问题，乐于从事分析推理或擅长理论分析。相应的职业有：化学家、工程师、侦察员、医生、数学家、生物学家、物理学家等。

（5）说服：善于与人会面、交谈、协调人际关系、组织管理，或者善于推销、宣传。相应的工作有：教师、行政管理人员、记者、作家、店员、演员、警察、节目主持人等。

（6）艺术：这是一种创造性的艺术工作，喜欢通过新颖的设计、颜色的匹配和材料的布局等引起别人情感上的共鸣。相应的职业包括：画家、雕塑家、建筑师、服装设计师、美容师和室内装修工等，均属“艺术性”的职业。

（7）文学：喜欢阅读和写作，或能做相应的讲授、编辑工作。相应的职业有：文学家、历史学家、演员、新闻记者、编辑等。

(8) 音乐：对音乐作品和从事演奏有特殊爱好，喜欢听音乐会、演奏乐器、歌唱，或者喜欢阅读有关音乐、音乐家、戏剧家的书籍。相应的职业有：音乐家、歌唱家、表演艺术工作者、音乐戏剧评论家等。

(9) 服务：这是乐于从事社会工作，为他人服务的一种爱好，主要指社会福利和帮助人的职业，为他人解除痛苦、克服困难。相应的职业包括：医生、护士、职业指导者、家庭教师、人事工作者、社会福利救济工作者、宾馆、饭店服务人员、导游人员等。

(10) 文秘：喜欢那种需要准确性、灵活性的办公室式的工作。相应的职业有：秘书、统计员、交通管理者、公共关系人员等。

课外拓展

分享职业理想

组织一次 30 分钟的主题班会，请同学们分享自己的职业理想。活动步骤如下：

1. 分组讨论。全班分小组交流自己的职业理想，并说说自己打算如何实现职业理想。

2. 代表发言。每组推举一名代表在全班发言。

3. 点评。全班同学就代表们发言的内容自由发表看法，讨论制定了职业生涯规划和没有职业生涯规划对理想的实现会有何不同。

4. 总结。每个同学针对这次课堂活动写一篇总结，抒发一下自己的感想或者记录自己的心得。

思考题

1. 如何理解职业兴趣的含义？
2. 简述职业兴趣的重要作用。
3. 良好职业兴趣的特征有哪些？
4. 如何培养浓厚的职业兴趣？

主题三　职业性格

重要知识点

1. 自我认知的重要作用。
2. 自我认知的方法。
3. 职业性格分析。
4. 职业性格的培养。

案例引导

飞翔的白天鹅

晓卉性格内向，出于兴趣，她选择了某职业院校的文秘专业。

在校学习期间，她努力学习专业知识，各科成绩名列前茅，并利用业余时间自修了文秘大专课程。为了提高专业技能，她每天坚持语言表达能力训练，还常常利用节假日去教学实习场所，强化文秘岗位的办公技能。经过努力，她考取了秘书职业资格证书、英语口语、计算机 NIT 等多项技能证书。她给自己制定了一套提高文秘专业技能的“三个一”方案，即每天礼仪站一站（练站姿）、每天口语说一说（练英语口语）、每天打字练一练（练电脑打字）。功夫不负有心人，经过三年的不懈努力，晓卉各方面的素质都有了很大的提高，还在市里举办的文秘专业“技能之星”竞赛活动中获得多项桂冠。毕业时，晓卉受到多家用人单位的欢迎，成为抢手人才。

［小提示］

实现自我是职业生涯发展的内在动力。职业院校学生正处在人生发展的黄金时期，要立足专业，挖掘自己的潜能，发挥自身的专业优势，以积极进取的心态，确定自己的职业目标，为职业生涯的发展打下坚实的基础。

职业生涯规划中的自我认知，就是要分析自己最适合做什么，弄清自己所追寻的目标是什么。即自我认知就是一个人对自己的认识、评价和期望，具体包括对自我的人生观、价值观、受教育水平、职业锚、兴趣、特长、性格、技能、智商、情商、思维方式和方法等进行分析评价，从而达到全面认识自己、了解自己的目标。

一、认识自我是职业成功的前提

如果说顺应社会需要、立足专业发展是个人成功的外部条件，那么自我认识和自我实现就是成功的内部要素，认识自我、实现自我是塑造成功职业生涯的根本条件。

在职业生涯发展过程中，如果自我主观评价和社会对自己的客观评价趋于一致，就容易成功；反之，就会失败。职业院校学生应了解自己的心理特征，经常自省，使自我评价日益接近客观评价。要积极向职业指导教师、心理健康教师及班主任教师请教、咨询，听取他们的意见，注意培养自己的兴趣、爱好，增强自己的适应能力，及时发现自己的优势和不足，扬长避短，找到适合自己的人生舞台，并在相应的舞台上演绎成功、快乐的职业人生。

只有进行了充分的自我认知，才能选定适合自己的职业发展路线，增加事业成功的机会。自我认知既包括对自己的长处与缺点、意识、意向、动机、个性和欲望的认识，也包括对自己的行为进行反省、调整自己的情绪等。在求职之前，清楚的自我认知使你能够了解自己的职业价值观、兴趣、爱好、能力、特长、人格特征及弱点，以便做出明智的职业选择，找到一份真正适合自己的工作。在职业转换和职业发展中，通过对自己的总结，找到成功和失败的原因，从中吸取经验和教训，可以促使自己的职业生涯成功。正如著名的成功学大师拿破仑·希尔所言："一切的成就、一切的财富，都是始于自我认知。"可以说，自我认知是职业生涯成功的前提，对职业生涯成功具有重要意义。

小知识

自我认知的过程

自我认知的过程即所谓的"WWHW"过程。

1. "WHY"（为什么）

"WHY"是认知自我思想、行为的"动机"和"理由"，它的任务是对是否行动进行决策。此过程是开发自我潜能和进行认知的开始。

2. "WHAT"（是什么）

"WHAT"是认知自我思想、行为的"结果"和"目标"，它的任务是对取得什么样的结果和达到什么样的目标进行决策。此过程确定了成功的努力方向。

3. “HOW”（怎么样）

“HOW”是认知自我思想、行为的“方法”和“策略”，它的任务是对方法和策略进行决策。此过程是解决问题的关键。

4. “WHERE”（在哪里）

“WHERE”是认知自我理想和行为的环境因素和自然基础，它要解决的任务是了解个体的优缺点、个性及有无潜能和条件等问题。这一过程解决不好的人对环境及自己在环境中的位置缺乏清晰的认识，不是高估就是低估自己，从而导致自负或者自卑的消极情绪。

二、自我认知的作用

自我认知是职业生涯规划的基础。自我探索越充分，自我认知越清楚，个人职业生涯规划的针对性和可操作性就会越强，个人事业成功的可能性就越大。自我认知能使我们勇于接纳自己、欣赏自己，克服成长障碍，充分挖掘潜力，使自己的职业生涯规划顺利进行。良好的自我认知可以帮助我们完成下述任务。

1. 认清与社会的关系，合理定位自我的职业生涯

个人的职业生涯规划不是在真空中进行的，离不开现实的需求，因此个人发展必须符合社会现实和发展实际。面对激烈的就业竞争，我们应充分认识到社会对人才的需求状况，找准自己的位置，以健康、务实的心态来应对社会的发展、变化和个人的职业生涯规划。

2. 强化与他人的关系，开发自我职业生涯潜能

人的自我认知在很大程度上是通过与他人的社会化互动形成的。他人对自己的评价是反映自我的一面很好的镜子，每个人通过这面“批评与表扬”的镜子，认识和把握自己。这种从他人处所获得的自我认知，成为了社会化的动力和向导系统。因此，充分与他人接触，主动征求意见，获得他人对自己的认知。如果与他人接触越充分、越积极主动，那么他人对自己的认知和评价传播的速度就越快、程度就越高，从他人处获得的自我认知就越清晰，对自我的把握也就越客观、越准确。这对个人职业生涯规划是非常有利的。

3. 全面认清自我，明确职业生涯目标

只有充分了解自己能干什么，弄清知识、能力、个性、特长等自我状况，从与他人比较中认知自己的长处和短处，从他人评价中认知自己的优点和缺点，公正、客观地评价和认识自己，才能确立科学的职业生涯目标。

4. 培养自我的健全人格，铸就坚毅品质

树立正确的人生观，处理好择业时出现的诸多心理误区。通过知、信、行三者统一，对自己有正确的了解和客观的评价，才可避免由于暂时的挫折、焦虑及带来的心理冲突和障碍，才能更好地被社会所认可和接纳。自觉树立起“别看我一时，请看我一生”的生涯信念。

小知识

自我认知中的常见问题

“人贵有自知之明。”但是，准确、客观地认识和评价自己并不是一件容易的事情。最常见的问题是对自我的苛求和追求完美，对现状的不满及受他人期望过高的影响也容易让自己无法客观地认知自我，这些问题都是我们在提高自我认知能力时需要特别注意的问题。

1. 过分追求完美

每个人都希望自己是完美的，也都不同程度地追求自我完美。但在追求完美的过程中，如果对自己的要求过于严格，不允许自己有任何一点“瑕疵”的表现，那么一旦发现有“不完美”的地方，就很容易带来适应性障碍。

现实中，过分追求完美常常表现在两个方面：首先表现为对自己持过分高的要求，脱离了自己的实际情况，从而使自己的“完美”期望受到挫折，增加了适应的困难；其次表现为对自己“不完美”的地方过分看重，甚至把人人都会遇到的问题看成是自己“不完美”的表现，从而严重影响了自己的情绪和自信心。这两种表现会严重影响对适应和自我的认识。

另外，对自我的苛求也是过分追求完美的一种表现。而这种苛求是任何人都很难做到的，因而也必然会给自我的适应带来困难。

2. 心理失衡

理想与现实的冲突往往会影响对自我的认识和评价，进而产生心理上的失衡，也影响了正常的学习及对环境的适应。对自我现状的不满，往往会直接影响到个体的情绪和兴趣，严重时还会阻碍对现状的改善。现实生活中，“理想的自我”与“现实的自我”总是存在一定的差距的，而这种差距是正常的，职业生涯的过程就是补足差距、追求卓越的过程。而有些人往往不敢面对差距，产生心理失衡，甚至消极对待工作和生活。实际上，这种失衡反映出对自我现状缺乏清醒的认识和估计，并且过分关注自我的能力和表现。若想排除此种心理障碍，我们必须把“现实的自我”与“理想的自我”协调起来，在接受目前现状的前提下，逐渐去实现“理想的自我”。

3. 强加他人期望于自身

受到他人对自我期望的影响，个体把他人对自己的期望当成了自我的一部分。现实

中，家人、朋友会寄予我们很高的期望或评价，但由于对自我缺乏认识，于是在适应环境的过程中会出现一系列问题，此时我们必须重新认真地认识和评价自我，树立真正的自我，解决现实生活中所遇到的问题。如果强加他人期望于自身，当这种期望与自己的想法不一致时容易产生思想的混乱，从而影响到自我的情绪和适应。假如有什么事情没干好，就会情绪低落，而且难以控制，以至于什么事都干不下去。要解决这个问题，就要首先分清哪些是他人对自己的期望，哪些是自己真正的愿望，并要真正认识两者之间的区别和一致性，在以自我期望为主的前提下，尽量将其协调一致，采取措施摆脱目前的困境。每个人都不可能完全不顾他人对自我的期望或评价，这无疑会为个人愿望与他人期望之间出现冲突提供可能。个体越能独立于周围人的期望，其心理上的独立性就越强。因此，我们必须明确自己的期望是什么，以及这种期望的来源是从自我的本身能力和需要出发，还是从满足他人的期望出发。只有明确了这一点，才有可能建立起真正独立的自我，进而建立起健康、健全的价值体系。

三、自我认知的方法

1. 测评法

所谓测评法，是指运用现代心理学、测量学、管理学、社会学、统计学、行为科学及计算机技术的综合测评技术。它通过人机测评、结构化面试、情景模拟和评价中心等技术，对个体的知识水平、能力及其倾向、工作技能、内在动机、个性特征和发展潜能进行测量，并根据工作岗位要求及组织特性进行评价，从而实现对人才全面、准确、深入的了解。

运用测评手段进行自我认知是一种力求客观的认知手段，它的特点是能够在较短时间内测出自己某方面的特点，并且这一特点是在与群体的比较中得出的。通过测量，同学们能够在短期内获得对自己较为客观的描述和评价。通过评估，分析自我的特点，再结合职业的要求，进行职业选择，这也就是“人职匹配”的过程。

人是极为复杂的，某一个维度的单项测评并不能全面反映一个人的特质。应将多项测评的应用结合起来，还要将测评法与别的自我认知方法结合起来。

2. 自我反省法

每个人都有两面镜子，其中一面是用来看清自己的脸庞及衣着打扮等外在形象；另外一面就是省察个人内心的，在这面“镜子”中，人们可以看到完整的自己，看到自己内心真实的想法。人们通过对照自己内心的“镜子”，可以从自己的优势和弱势两方面反思自己的行为及其后果，并从中总结经验。

（1）从自己的优势方面进行自我反省。

优势就是指自己目前已表现出来的能力与潜力所在，包括以下几个方面：

第一，我学习了什么。即我从专业学习中获取了哪些知识？我从工作经历中获取了哪些知识和能力？从某种程度上看，我们的专业也许在未来的工作中并不起太多作用，但在一定程度上它会影响我们的职业方向。因而，我们要注意学习，善于学习，并且善于归纳、总结，把单纯的知识真正内化为自己的智慧，为自己多准备后备能源。也许我们暂时感觉不到自己的收获，但随着时间的推移，这些知识必定会潜移默化地影响我们。

第二，我做过什么。即我曾经做过什么事情，有过什么经历？已有的人生经历是我们最宝贵的财富，它往往从侧面反映出我们的素质、潜力等。这些曾经的经历和体验是我们职业定位的主要依据。通过提高自己经历的丰富性和突出性，我们可以有针对性地选择与职业目标相一致的工作，然后通过坚持不懈地努力，培养自我职场的竞争力。

第三，我做成功过什么。即我曾经做过的事情中最成功的是什么？是什么因素让我获得了成功？通过对这些问题的分析和回答，可以发现自我优势的一面，譬如坚毅、自信等，进而挖掘我们深层次的能力，形成职业设计的有力支撑。寻找职业方向，成功职业定位，往往就是从自身的优势出发，并用优势去工作。

（2）从自己的弱势方面进行自我反省。

第一，我的不足或能力的欠缺。人无法避免性格的弱点和与生俱来的劣势。这就意味着，我总有力所不能及的事情。卡耐基曾说过，人性的弱点并不可怕，关键要有正确的认识，认真对待，尽量寻找弥补、克服的办法，使自我趋于完善。我们应该安下心来，听听他人的评价，看看他人眼中的我是什么样子，与期望是否一致，然后找出其中的偏差并弥补。这将有助于自我提高。

第二，我的经验的欠缺。由于自我经历的不同及环境的局限，我们无法避免一些经验上的欠缺。欠缺并不可怕，怕的是自己没有认识到或不懂装懂。正确的态度是认真对待，善于发现，并努力克服和提高。不光认识到自己的“所能”，更要认识到自己的“所不能”，这能减少自己犯错误的几率。

通过以上自我分析与认识，可以帮助我们认识自我，明确自己该选择的职业方向。职业方向直接决定着一个人的职业发展，需更加慎重。如果选错了行业，可能会毁掉自己本该有所作为的人生。因此，我们应该按照职业设计，选择擅长并喜爱的职业，让我们的才能结合兴趣去发挥自我优势，同时，结合时代特点确定职业方向和目标。

3. 他人评价法

他人评价也是客观地进行自我认知的重要途径，主要包括父母的评价、老师的评价，以及同学、同事、朋友的评价。他人评价通常由以下几个维度构成：个人的性格、价值观、人际关系、工作学习或生活态度等。由于他人评价依赖于身边经常接触的人，一些固定的看法和习惯可能会影响到他人评价的效果，所以要得出客观、公正的他人评价，也并不是一件容易的事。

课堂讨论

当总经理不在的时候

在某知名企业的招聘活动中，四位应聘者通过初试、面试、笔试，“过五关斩六将”，已经进入到最后一关：由总经理亲自与他们谈话进行考察。四位应聘者想到即将进入的是很多人都想进的国际知名企业，他们都很兴奋，也很紧张，暗自叮咛自己在最后一关一定不能有任何闪失。

在约定的时间，四个人准时走进总经理的办公室，刚坐下，总经理办公桌上的电话铃就响了。总经理拿起来听了一下，说：“好，我马上过来。”然后告诉他们四人：“我现在临时有点急事，很对不起，请你们在这里坐着等我一会儿。”

总经理走后，他们紧张的心情放松下来。开始五分钟大家都坐着没动，从第五分钟起，就有人开始看表、看手机，流露出不安神色。从第七分钟起，就有人开始站起来踱步，往窗外看，更频繁地关注时间，表现出不耐烦。从第十分钟开始，有人走到总经理的办公桌前翻文件，甚至随手打开封面上写着“公司办公记录”的本子……只有一个人坐在沙发上没有动过。

二十分钟后，总经理回来了，宣布那个坐在沙发上没有动过的人被录用了。

[讨论]

为什么坐在沙发上那位没有动过的应聘者被录用了？

四、职业性格分析与调适

性格是一个人对现实的稳定态度和在习惯化的行为方式中所表现出来的个性心理特征。人们常说，“性格决定命运”。但是，我们不能只把性格完全归因于天性，良好的性格也是可以调适的。

性格是一个人最重要、最显著的个性特征，是个人在长期生活实践和环境因素作用下形成的较为稳定的特征。它不仅表现在人们“做什么”，而且也表现在人们“怎样做”等方面。不同职业对从业人员的性格有不同的要求，有的职业要求从业者偏向于内向性格，而有的职业要求从业者偏向于外向性格。因此，在选择职业时，要考虑自身的性格因素。心理学家告诉我们，根据性格选择职业，能使自己的行为方式与职业工作相吻合，能更好地发挥自己的聪明才智，从而得心应手地驾驭本职工作。

小知识

认识自己的方法

(1) 你了解自己的性格特点吗?

(2) 你是一个外向的还是内向的人?

(3) 你对于新事物和与自己不同的想法，通常乐于接受吗?

(4) 你有没有想过，你的这些性格特点来源于哪里? 你想过要改变它们吗? 它们对你未来的职业生涯发展会有怎样的影响?

1. 职业性格的内涵

职业性格不是指一个人的智力商数、专业水平、工作经验等显性的职业能力，而是先天性地、内在地、稳定地影响甚至决定着一个人的岗位匹配和职业环境适应性、工作业绩和职业成就的那些心理动力组织，是达成工作绩效的一系列无法改变或者说至少是难以培育的非智力决定的因素。职业性格自动自发地决定着一个人的职业成就的高低及职业发展的成败。

如果自己的性格和职业需要的性格相反，那么工作时就会遇到很大的心理冲突，工作上成功的概率也会较小。例如，缄默的人往往乐群性比较低，喜欢对事不对人，如果让他去做销售工作，应付销售工作中人与人之间复杂的情绪交流，那么，他在工作的过程中就不可避免地会有很多心理冲突。所以，就业前认识自己的职业性格就显得异常重要。另外，认识自己的职业性格有利于反省自己，提高自己的修养，使自己获得更适合的职位，推动自己的人脉建设。

2. 职业性格的分类

职业性格可分为以下九种不同的类型：

(1) 变化型：能够在新的或意外的工作情境中感到愉快，喜欢工作内容经常有些变化，在有压力的情况下工作得很出色，追求并且能够适应多样化的工作环境，善于将注意力从一件事转移到另一件事情上去。

(2) 重复型：适合并喜欢连续不断地从事同一种工作，喜欢按照一个固定的模式或别人安排好的计划工作，爱好重复的、有规则的、有标准的职业。

(3) 服从型：喜欢配合别人或按照别人的指示去办事，愿意让别人对自己的工作负责，不愿意自己担负责任，不愿意自己独立做出决策。

(4) 独立型：喜欢计划自己的活动并指导别人的活动，会从独立的、负有责任的工作中获得快感，喜欢对将要发生的事情做出决定。

（5）协作型：会对与人协同工作感到愉快，善于引导别人按客观规律办事，希望自己能得到同事的喜欢。

（6）劝服型：乐于设法使别人同意自己的观点，并能够通过交谈或书面文字达到自己的目的。对别人的反应具有较强的判断能力，并善于影响他人的态度、观点和判断。

（7）机智型：在紧张、危险的情况下能很好地执行任务，在意外的情况下，能够自我控制、镇定自若、工作出色。在出差错时不会惊慌，应变能力强。

（8）自我表现型：喜欢表现自己，通过自己的工作和情感来表达自己的思想。

（9）严谨型：注重细节的精确，愿意在工作过程的各个环节中，按照一套规则、步骤将工作过程做得尽善尽美。工作严格、努力、自觉、认真，保质保量，喜欢看到自己出色完成工作后的效果。

顺应或优化？

每个人的性格都是独一无二的，企业也希望雇用有独特竞争力的员工。如何找到能力强，性格又符合企业价值观的员工，是每个企业共同关心的问题。当你发现某个职业不适合自己，即企业赋予的职业角色的要求和你的性格特点不相匹配时，你该怎么办？此时，有两个方法值得借鉴：顺应本性或优化性格。

"顺应本性"的做法是：如果你了解自己的性格特点，发现其和职业角色的要求不匹配时，可能你需要做的事情是寻找一份新的职业，发挥和强化性格中的优势，弱化和规避性格中的劣势，才会取得理想的工作绩效。

"优化性格"的做法是：你需要改变自己已定型的性格，改善性格与职业角色要求之间不协调的部分，这个过程会很漫长，甚至要经历较强烈的心理斗争。例如，一个内向的人需要在一个大型演讲会上公开发表演说，会让他感到紧张或将工作搞砸，如果他想要或必须将这项任务完成，可能他要花1～2周提前做好心理准备，克服面对大众时的害羞、胆怯、不善言辞等弱点。

最后，请记住两句话：如果找对职业，每一种性格都能成功；如果想挑战自己，就去塑造和优化性格，职业成功会更卓越。

3. 调试职业性格

职业性格是个人在长期的职业活动中所形成的，与职业性质相关。职业性格是可以调适的。职业环境、实践活动及职业意识的培养，都会对职业性格的形成产生很大的影响。要做好职业工作，就要尽可能使自己的性格符合职业的要求。因此，我们只有在生活、学习、实践及未来的工作中不断调适和完善自己的性格，才能使自己成为一个合格的职业人。

调试职业性格的途径有以下几种：

（1）严格要求自己，提高修养。性格是比较稳定的心理特征，需要一个较长的培养过程，想一蹴而就改变自己原有的性格是不可能的。以所学专业对应的职业群对从业者的要求为目标，制定措施，严格要求自己，是职业院校学生逐步提高自身素养、调适性格的必经之路。

（2）向身边的优秀人物看齐。“榜样的力量是无穷的”，可以从成功的亲朋好友中选出自己的榜样，总结他们成功的经验，重点了解他们调适和完善性格的动力，以及调适的方法和措施，并制定措施，逐步改善自己的职业性格。

（3）主动参加社会实践。良好的职业性格的形成离不开丰富的社会实践活动。职业学校的学生应当利用课内外的一切有利时机，接触社会，走近职业，积极参加实践活动，从中了解专业和职业对从业者职业性格的要求，并不断对自身性格加以调适和完善，提高对所学专业的适应能力，为工作后尽快适应职业要求做准备。

五、职业性格探索

在现今的职场中，很多企业在招聘新人时，将性格的测试放在首位，当性格与职业相匹配时，才对其能力进行测试检查。他们认为性格比能力重要，如果一个人能力不足，可通过培训提高；但一个人的性格与职业不匹配，要改变起来，就困难多了。

性格并无好坏之分，但性格类型与职业类型的匹配度，却决定了事业的成功与否。因性格与职业的选择发生错位而导致职业的失败，已逐渐成为职场人士面临的严峻问题。

在为自己的职业发展做规划时，首先就要正确测定自己的个性。职业发展规划是与职业气质、能力、兴趣、潜力、价值观、理念等因素相关联的，性格若能与工作相匹配，工作中则更能得心应手、轻松愉快、富有成就；反之，则会不适应、困难重重，给个人的发展和组织造成影响。

要想做好工作，需要专业的知识、良好的技能，也需要和自己的性格相匹配。借助科学手段了解自己的性格类型，有利于进行准确的职业定位，更有利于职业的发展。当从事的职业与个性相吻合时，就可能发挥出能力，容易做出成就；反之，可能导致其原有才能的浪费，或者必须付出更大的努力才能成功。

许多工作对性格、品质有着特定的要求，要选择某一职业就必须具备这一职业所要求的性格特征。但是，性格在很大程度上是来源于后天的培养，并不是无法改变的，每个人在社会中都会因为种种外界原因而改变原先的性格，也许这种改变会让你意外的发现自己的潜力。另外，人的个性并不能决定他的社会价值与成就水平。当你发现你的个性与职业的匹配度不高时应树立以下意识，来培养自己的职业兴趣。

课外拓展

尝试一份实习工作

切记：工作绝对不是为了老板。很多人之所以觉得工作没有成就感，是因为他们每天都在混日子，从早上 8 点开始上班就在想着下午 5 点下班该到哪里去，什么时候下班呢？这个时候他所做的工作是为了老板，而不是自己，不觉得工作是一种快乐。所以，在选择一份工作时，要告诉自己这份工作是我喜欢的，这样对自己的工作及个人的职业生涯才是有用的。

经验是向上发展的踏脚石，工作就是在不断地吸取经验。如果企业不能给你提供一个学习的平台或是不能给你一个发展的平台，那么即使你在这个企业工作了六年也只是积累了一年的经验而已。

只有对工作负责才有可能获得别人的赞赏和认同。

工作既然不是为他人，而是为自己，那你就要觉得自己在工作中是快乐的！在这种状态下，才有追求事业成功的可能性。

思考题

1. 为什么说认识自我是学习与就业的基础？
2. 自我认知有哪些方法？
3. 简述分析职业性格的方法。
4. 如何培养职业性格？

主题四　职业能力

重要知识点

1. 专业学习的重要性。
2. 职业对从业者的素质要求。
3. 提升职业能力的方法。

案例引导

迅速成长的小安

“Ladies and gentlemen，welcome to Beijing!”在首都机场和北京的各大景区，常常可以看到一位面带微笑、用流利的英语为外国游客讲解的导游。她就是毕业于某职业学校的优秀外语导游小安。

刚入学时，小安特别喜欢英语课。通过努力，她很快当上了班上的英语课代表。进入二年级开始专业课学习后，她的英语水平不断提高，大家常常见到她在公园里和外国朋友用英语交流。后来，在北京市职业学校导游专业技能大赛中，她凭着流利的英语口语、扎实的专业功底获得了一等奖。经过不懈的努力，临近毕业时，小安又考取了英语导游资格证书。毕业后，她如愿成为一名英语导游。带团的四年里，小安接待过联合国环境代表团、澳大利亚大使团等，积累了丰富的经验，她专业的服务屡获客人好评。很快公司便将小安晋升为导游部副经理。

[小提示]

中职生从迈进职业学校大门的那天起，就应开始为自己的职业生涯做准备。面对人生新的起点，我们要做的第一件事便是了解自己所学的专业，培养对所学专业的兴趣。只有掌握扎实的专业知识和技能，才能使自己的职业生涯赢在起跑线上。

专业是根据学科分类或者生产部门的分工把学业分成的门类，如会计、企业管理、餐饮服务、电子商务、文秘等专业。专业是依据社会经济发展、产业结构的变化及市场对人才的需求而设置的，是个人职业生涯发展的起点，也是个人实现职业理想的基础。

一、学好专业是第一步

在校期间进行专业学习，是为将来从事某一职业做准备的。可以说，专业学习是我们打开职场大门的一把金钥匙。在工作岗位上，如果没有一定的专业知识、专业技能，不具备从业所必需的本领，就无法履行岗位职责。这就像司机不会开车、护士不会打针、教师不会讲课一样。因此，在就业竞争日趋激烈的形势下，只有具备扎实的专业知识和过硬的专业技能，才能在就业竞争中占有优势，为顺利就业创造有利条件。

每一个专业既可以对应一个职业，也可以对应一个职业群或几个相关的职业群，甚至对应一个或几个相关的行业。例如，文秘专业可以与前台接待、行政助理、档案管理等职业相对应。

专业与职业既有区别又有联系，专业为职业服务，职业对专业具有引领的作用。每一个专业都为若干相近的职业群提供必要的基础知识和基本技能。比如，物流专业的学生可以在物流公司、企业物流配送中心工作；计算机专业的学生既可从事多媒体设计、动漫制作工作，也可以从事网络维护、程序开发、计算机应用与维护等工作。

在校学习期间，我们应该全面、正确地看待所学专业与职业群的对应关系，了解所学专业对应的职业群及其所需要的专业知识和技能，形成切实的职业理想和目标，加强专业学习和训练，做好步入社会的准备。

通过对毕业生的跟踪调查分析，发现他们所学专业与所从事的职业之间主要存在五种关系，见表 4－1。

表 4－1　专业与职业的五种关系

特征	基本解释	特点	建议
专业包容职业	在专业领域内发展职业。一生的职业发展基本上限制在专业领域内	个人选择的职业与所修的专业高度一致	学精专业
专业为核心	以专业为核心发展职业。一生的职业以专业为核心，有较大的扩展	个人选择的职业与所修的专业较一致，但职业发展明显超越专业领域	学好专业；选修与职业发展一致的课程
专业与职业部分重合	以专业为基础发展职业。一生的职业发展是在专业基础上，有重点地沿某个方向拓展	个人选择的职业与所修的专业部分一致。重点掌握某些专业技能的同时，注重其他专业技能的学习	学好专业；辅修其他喜欢的专业

续前表

特征	基本解释	特点	建议
专业与职业有关系	一生的职业发展与专业基本无关或在专业边缘发展职业	个人选择的职业与所修的专业基本不一致	保证专业合格；辅修其他合适的专业，可做专业调整
专业与职业分离	一生的职业发展与专业完全无关	个人选择的职业与所修的专业很不符合	尽量调整专业；或辅修其他专业

在校中职生可以根据自己的职业目标（理想），判断其与自己专业的关系，合理安排在校几年的学习内容（学业），做好职业生涯规划，避免或少走弯路，使自己能够尽快走向职业发展道路。

小知识

战胜困难也是进步

有一朵看似弱不禁风的小花，生长在一棵高耸的大松树下。小花非常庆幸有大松树成为她的保护，为它挡风挡雨，每天可以高枕无忧。

有一天，突然来了一群伐木工人，两三下的工夫，就把大树整个锯了下来。小花非常伤心，痛哭道："天啊！我所有的保护都失去了；从此那些嚣张的狂风会把我吹倒，滂沱的大雨会把我打倒！"

远处的另一棵树安慰她说："你不要这么想，刚好相反，少了大树的阻挡，阳光会照耀你、甘霖会滋润你；你弱小的身躯将长得更茁壮，你盛开的花瓣将一一呈现在灿烂的日光下。人们会看到你，并且称赞你说，这朵可爱的小花长得真美丽啊！"

当失去了一些以为可以长久依靠的东西时，自然会有难过及难以割舍的痛苦，但其中却隐藏着无限的祝福和机会。日后回首时，你才惊讶自己成长的痕迹，是那么清晰、明显，甚至是令人满心喜悦的。

二、职业对从业者的素质要求

对于取得成功的杰出人士，总结他们的成功之道，我们发现除了超凡的智力与努力之外，最重要的是他们在职业生涯设计中把握住了关键因素——根据自己的长处决定终身职业。

经过自我认知的探索和思考后，我们将对自己的兴趣、性格、价值观及能力等方面的长、短处有所认识。那么，我们就不妨扬长避短，按自身优势来进行职业生涯定位。

事实证明：在我们的职业生涯设计中，如果我们能根据自身长处选择职业并“顺势而为”地将自己的优势发挥得淋漓尽致，就会事半功倍，如鱼得水；如果我们像让兔子学游泳那样选择了与自身爱好、兴趣、特长“背道而驰”的职业，那么，即使后天再勤奋弥补，即使你耗费了九牛二虎之力，也是事倍功半，难以补拙。因为，才干是一个人所具备的贯穿始终且能产生效益的感觉和行为模式，它是先天和早期形成的，一旦定型很难改变，无法培训。

职业生涯规划的前提：知道自身优势是什么，并将自己的生活、工作和事业发展都建立在这个优势之上，这样才能成功。每个人都有天生的优势，据研究，截至目前，人类共有 400 多种优势。一个人拥有优势的种类和数量并不重要，最重要的是知道自己的优势是什么。我们在规划设计自己的职业生涯时要切记：小兔子根本不是学游泳的料，即使再刻苦它也不会成为游泳能手；相反，如果训练得法，它肯定会成为跑步冠军。

成功者一般都了解自己的优势所在。但在现实生活中，一般人很难把握自己的优势是哪种类型。因此，我们应该学会认知自我，了解自身的兴趣、性格、价值观和能力，并探索和发现自身的优势，学会用优势点亮未来成功之路。

当前，各种新老职业对从业者职业素质的要求越来越高。培养和提高自己的职业素质，对职业院校学生职业生涯的成功有着重要的意义。

职业素质是指劳动者在具备一定的生理和心理条件的基础上，通过受教育、劳动实践、自我修养等途径形成和发展起来的，在职业活动中发挥重要作用的内在基本品质。不同的职业对从业者所具备的专业知识和专业技能有着特定的要求。比如，导游要具有丰富的人文知识和出色的语言表达能力等。职业素质具有稳定性、整体性、发展性等特点。职业素质是一个有机的整体，一般来说，职业素质由思想政治素质、职业道德素质、科学文化素质、专业技能素质和身心素质五个方面构成。

(1) 思想政治素质，是人们在政治上的信念或信仰，包括世界观、价值观。思想政治素质是职业素质的灵魂，它对其他素质起着统率作用，决定着其他素质的性质和方向。

(2) 职业道德素质，是劳动者在职业活动中通过教育和修养而形成的职业道德方面的状况和水平。它包括劳动者在职业活动中表现出来的职业态度、职业行为规范和职业道德修养等。

(3) 科学文化素质，是人们对自然、社会、文化知识等的认识和掌握的程度，具体包括科学精神、求知欲望和创新意识。

小案例

为生命画一片树叶

只要心存相信，总有奇迹发生，希望虽然渺茫，但它永存人世。

《最后一片叶子》里讲了这样一个故事：病房里，一个生命垂危的病人从房间里看见窗外的一棵树，在秋风中一片片地掉落下来。病人望着眼前的萧萧落叶，身体也随之每况愈下，一天不如一天。她说："当树叶全部掉光时，我也就要死了。"一位老画家得知后，用彩笔画了一片叶脉青翠的树叶挂在树枝上。最后一片叶子始终没掉下来。只因为生命中的这片绿，病人竟奇迹般地活了下来。

人生可以没有很多东西，却唯独不能没有希望。希望是人类生活的一项重要的价值。有希望之处，生命就生生不息！

(4) 专业技能素质，是人们从事某种职业时，在专业知识和专业技能方面所表现出来的状况与水平，主要包括扎实的专业知识和熟练的专业技能两个方面。

(5) 身心素质包括身体素质和心理素质。身体素质是指人体各器官的机能状态。心理素质是指人的个性、心理品质的状态和水平，主要包括性格、能力、情感和意志品质等。

我们应该珍惜学校的学习生活，通过各种方式、方法不断提高自身的职业素质，不断提高综合职业能力，为将来就业和创业打下坚实的基础。科技进步和信息技术的广泛应用加快了经济发展，加剧了市场竞争，使社会生活日趋多元化，也对从业者的知识技能提出了更高要求，"一专多能"已成为当前从业者综合职业素质的重要标志。职业院校学生应当根据市场经济的要求，不断调整和充实自己，增强综合职业素质，提高谋生的本领，使自己更好地就业或创业。

要提高职业素质，需加强职业道德修养，培养自己的敬业意识、责任意识和诚信意识；要不断提高自身的专业技能，强化动手能力，以适应岗位的要求。同时，要积极参加社会实践，在做中学、学中做，把做和学结合起来，提高自己在实践中运用专业知识的能力和综合素质。

三、职业能力的匹配

能力是指人们顺利完成某种活动所必须具备的个性特征，是人的素质的集中和综合的表现，直接影响着人们的活动效率。人的能力是在学习和实践基础上逐渐培养和提高的。

成功的“职业人”往往有多种能力的组合，包括专业能力、创新能力、实践能力等。提高职业能力，对自己、对社会都有着多方面的作用。

能力受两方面因素的影响：一是先天遗传因素；二是后天的因素。社会上任何一种职业对从业者的能力都有一定的要求。能力有一般能力与特殊能力之分，一般能力包括智力、协调能力等；特殊能力也称职业能力，是从事某种职业活动所必需的能力，如作家的写作能力、教师的语言表达能力、企业家的管理能力等。

现代社会对人的能力要求也越来越高。知识经济时代使得从业者从一次学习向终身学习转变，这就要求从业者不但要具备跨岗位、跨行业的综合职业技能，而且要具备根据市场变化的需求不断开发自身潜能的创新能力。同时，现代社会发展使得职业的演变越来越快，每个人在一生中可能面临多次转岗和对职业的重新选择，这就要求每个从业者都应具备一定的职业适应能力。

职业能力是就业的基本条件，是胜任职业岗位工作的基本要求，是个人取得社会认可并谋取更大发展的根本所在。因此，在校学习的职业院校学生首先应尽可能地提高自己的职业能力。

能力是求职者开启职业大门的钥匙。中职生只有选准了与自己能力倾向相吻合的职业才能如鱼得水，否则，就会影响职业活动的效率。

职业能力是在职业活动中发展起来的，直接影响职业活动效率，使职业活动得以顺利完成的心理特征。职业能力一方面要在职业活动中形成和发展，并在职业活动中表现出来；另一方面，从事某种职业又必须以一定的能力为前提。

社会分工的发展，使得人们从事的职业领域日益扩大，因而具体的职业能力模式是非常丰富的。例如，美国的一般能力倾向测验设置了九种能力，分别为：一般学习能力、言语能力、数理能力、判断能力、图形知觉能力、符号知觉能力、运动协调能力、手指灵活度、手腕灵巧度。该测验可帮助确定求职者在八大类三十二小类职业领域内的职业能力，被认为是职业指导中较好的测验。

小知识

职业能力与相关职业

职业能力分为一般职业能力和特殊职业能力。一般职业能力又称智力，是指人认识、理解客观事物并运用知识、经验等解决问题的能力。它包括记忆能力、观察能力、注意能力，其核心是逻辑思维能力。一般职业能力是人在学习、工作、日常生活中必须具备、广泛使用的能力。职业或专业的水平越高，对人的一般职业能力的要求越高。特殊职业能力指从事某种特殊职业所必须具备的能力（特长、专业能力）。特殊职业能力包括语言表达能力、计算能力、空间判断能力、形态知觉能力、事务能力、动作协调能力、颜色分辨能力等。

（1）语言表达能力，包括对语言文字的理解能力和口头表达能力。不同的职业对人的语言能力要求不相同。例如，教师、营销员、公关人员等必须具备较好的语言表达能力。

（2）计算能力，是指迅速而准确地运算的能力。不同的职业对人的计算能力要求的程度不同。例如会计、出纳、统计、建筑师等职业，对工作者的计算能力要求较高；法官、律师、护士等职业对计算能力要求一般；而演员、话务员、厨师、理发师等对计算能力要求相对就较低。

（3）空间判断能力，是指能看懂几何图形、识别物体在空间运动中的联系、解决几何问题的能力。与图纸、工程、建筑有关的职业，以及牙科医生、内外科医生等职业，对空间判断能力的要求较高。对于裁缝、电工、无线电修理等工作来说，也要求具有一定的空间判断能力才能胜任。

（4）形态知觉能力，是指对物体或图像的有关细节的知觉能力，如对于图形的明暗、线的长宽做出视觉的区别和比较，能看出其细微的差异。对于生物学家、建筑师、测量员、制图员、农业技术员、医生、药剂师、画家等来说，需要较强的形态知觉能力。

（5）事务能力，是指对言语或表格式的材料的细节的知觉能力，发现错字或正确地校对数字的能力等。设计、记账、出纳、打字等工作，都必须具备一定的事务能力。

（6）动作协调能力，是指能迅速、准确、协调地做出精确的动作和运动反应的能力。驾驶员、飞行员、牙科医生、外科医生、雕刻家、运动员、舞蹈家等，通常要求具备较强的动作协调能力。

（7）颜色分辨能力，是指观察、识别相似或相异色彩，或对相同色彩明暗效果的感知能力。颜色分辨能力具体包括识别特殊色彩、识别调和色或对比色，以及正确配色的能力。

四、实现能力与职业的匹配

不同的职业对能力有不同的要求，每个人都有自己的优势和劣势，应注意将能力类型与职业相匹配。例如，有的人擅长形象思维，有的人擅长逻辑思维，还有的人擅长具体行动思维。如果根据思维能力类型来选择职业，擅长形象思维的人比较适合从事文学艺术方面的工作，擅长逻辑思维的人比较适合从事哲学、数学等理论性强的工作，擅长具体行动思维的人比较适合从事机械修理方面的工作。如果不考虑能力类型，而让其从事职业与能力不匹配的工作，效果就不会好。

随着生产力的日益提高，社会分工越来越细，各种职业都对人们提出了越来越高的要求。例如，想要成为一名营销策划师，必须具有以下能力：

（1）主动性。要有旺盛的求知欲和强烈的好奇心。

（2）洞察力。富有直觉，对环境有敏锐的感受力，对信息有准确的判断力。

（3）变通性。思路通畅，善于举一反三、闻一知十、触类旁通。

（4）独立性。较少的依赖性，不轻易附和他人，使自己的创意成功实施。

（5）独创性。不管有多少现成的好方法，策划人都必须有别出心裁的见解、与众不同的方法，要勇于弃旧图新、别开生面，要永远相信答案总比问题多。

（6）自信心。深信自己所做的事情的价值，一往无前，不达目的誓不罢休。

（7）坚持力。创意的完成需要百折不挠、锲而不舍的毅力和意志。确定目标后，就向着它坚定地走下去。

（8）勇气。从事各类策划，尤其是营销策划，经常需要不惜冒险犯难。在营销策划过程中，所面对的往往是常人无法忍受的市场困境，要有大无畏的勇气。

在选择职业时，中职生应该充分了解自己的优势所在，选择能运用自身优势能力的职业。中职生在了解了自己能力大小，并知道了这种能力在哪方面表现得更突出之后，再做出选择，可以扬长避短，避免大的失误。

小知识

提高职业能力的方法

1. 专业学习

能力发展是在不断掌握和运用知识、技能的过程中完成的，没有扎实的专业知识就谈不上职业能力的提高和发展。因此，我们不仅应重视专业课学习，还应当注重文化基础课的学习，为将来更好地掌握专业知识和专业技能奠定基础。

2. 重视实践

实践是形成能力的唯一途径。职业能力和职业实践是互相作用的，从事一定的职业实践需要以一定的职业能力为基础，职业能力又在职业实践中得以不断提高。

3. 培养良好的品质

良好的品质对于职业能力的开发和培养具有重要的意义，能使人保持旺盛的求知欲和进取精神，从而促进职业能力的发展。

课外拓展

寻找合适的舞台

动物园里的小骆驼问妈妈："妈妈，为什么我们的睫毛那么长？"

骆驼妈妈说："当风沙来的时候，长长的睫毛可以让我们看得到方向。"

小骆驼又问：“妈妈，为什么我们的背那么驼？丑死了。”

骆驼妈妈说：“这个叫驼峰，可以帮我们储存大量的水和养分，让我们能在沙漠里耐受十几天的无水无食情况。”

小骆驼又问：“妈妈，为什么我们脚掌那么厚？”

骆驼妈妈说：“那可以让我们重重的身子不至于陷在软软的沙子里，便于长途跋涉。”

小骆驼高兴坏了：“哇，原来这些这么有用啊！可是妈妈，为什么我们还在动物园里，不去沙漠远足呢？”

天生我材必有用，可惜现在没处用，这也许是动物园里的骆驼永远的困惑。

这个故事告诉我们，在就业中，仅有能力与潜力是不够的，还需要找到一个合适的舞台。骆驼的睫毛、驼峰、脚掌都那么有用，可当它离开了沙漠的舞台后，这一切优势都不再有用。

请就小骆驼的困惑的启示写一篇关于就业与职业发展的小论文。

思考题

1. 中职生的专业学习有哪些重要性？
2. 职业对从业者有哪些素质要求？
3. 简述提升职业能力的方法。

主题五　职业目标

重要知识点

1. 职业目标的重要性。
2. 职业目标的选择与分析
3. 阶段性目标的特点与设计。
4. 长远目标、阶段目标与近期目标的关系。

案例引导

快乐的小金

小金是一所职业学校烹饪专业的学生，很喜欢烹饪，理想是成为一名好厨师。学习烹饪专业以后，他就为自己制订了严格的学习计划：学好烹饪技术，重点是练习刀工；熟练掌握烹饪原材料知识；广泛阅读各种烹饪书籍；积极参加社会实践活动，积累经验，提高实践能力。经过不懈的努力，小金在毕业前夕拿到了校烹饪大奖赛的冠军。

小金并没有因此而满足，他继续不断地提升自己的厨艺，在毕业后的第三年被省级有关单位破格晋升为特三级厨师。毕业后的第四年他又获得了参加全国烹饪大奖赛的机会。为参加这次大赛，他足足准备了几个月，投入了大量的精力，最终凭借自己独特的创意和精湛的技艺，在大赛中获奖。

小金摘取了一个又一个职业竞赛的桂冠，如今，他已成为新一代名厨的代表。在自己热爱的职业中取得如此成就，今天的小金是快乐的。

[小提示]

对于中职生来说，目标既可以是个奋斗方向、范围，也可以是具有激励作用的某个职业。但无论哪种类型，都应该符合社会发展需要和本人的实际。只有经过认真分析而选择的结果，才能激励我们在学习阶段克服困难、创造条件、努力奋斗，也才能使我们避免随波逐流、浪费青春。

目标很重要，对于就业具有重大的指导意义。然而，很多时候，大家忙忙碌碌，学习各种课程，参加各种活动，准备各样考试，却没有明确的、清晰的目标。很多中职生一方面感到迷茫；另一方面，却又不能停下来，花一点时间看清楚自己的方向，只是盲目地胡乱奔跑。你只要一直往前走，哪怕是胡奔乱跑，也总可以到达某个地方。但你对自己的处境满意与否可就是另一回事了。并且，如果连你都不知道自己要什么的话，那么别人也不可能给你有效的帮助。只有当个人在头脑中对自己的职业发展方向有清晰的概念，他的生命才会有意义和方向，而这也许是人生中最珍贵的财富之一。

一、职业目标的构成

为了实现自己的职业理想，在进行职业生涯发展规划时，我们一定也会为自己设立各种目标，这些目标有的离我们很远，有的近在眼前。按照由远及近的顺序，我们可以将职业生涯发展目标分为长远目标、阶段目标和近期目标。

1. 树立长远目标

长远目标，就是沿着职业理想指引的方向，所确立的最远期的奋斗目标。长远目标不是马上就能实现的，要通过职业生涯的一步步努力而实现的。长远目标是一个人职业生涯发展的骨架，是决定职业生涯规划成功与否的关键性因素。

长远目标离我们的人生理想最近，从某种意义上说，长远目标体现了我们为理想所做的最高设想，它可以成为我们追求职业成功的原动力。有了长远目标的支撑，我们往往能专注于某个专业的学习，会对某个职业产生认同感、责任感和使命感，甚至还会对某种事业充满自豪感和光荣感，直至献身其中。

2. 做好阶段性目标

职业生涯的发展是有阶段性的。不同的阶段所面临的问题不同，目标也不同。阶段目标是根据个人的具体情况所做出的实现长远目标的具体计划。阶段目标的确立，是实现长远目标的重要保障。阶段目标介于近期目标与长远目标之间，起着承上启下的作用。一方面，阶段目标要服从长远目标，也就是要根据达到长远目标所要经历的“台阶”和所需要的时间，采用倒计时的方式一步步往回倒着设计，将长远目标分解为与之方向相同的一个个阶段目标。另一方面，阶段目标又与近期目标密切相关，近期目标的制定和更替是为不断实现阶段目标做准备的。打个比方，阶段目标就是引领我们从眼前的近期目标一步步走向未来长远目标的“路线图”和“里程碑”。

如果没有这些“路标”的指引，我们很难把眼前的学习、训练和未来的职业成功连接起来。因此，有无阶段目标，常常是我们判断职业生涯设计优劣的重要标志。因为要起到

“路线图”的指引作用，所以阶段目标相对于长远目标要更具体一些，要有明确的方向性和顺序性。同时，因为还要有“里程碑”的激励作用，所以阶段目标还应该是近期目标的向前延伸和向上拔高，既让自己“可望”，又要有适当的高度让自己“努力方可及”，也就是必须“跳一跳才够得着”，以激励自己积极向上攀登。

小案例

小胡的烦恼

小胡从职业院校毕业后，按照自己设计的目标顺利进入了一家外资公司。但在工作的三年里，她却因部门的调整不断转换岗位，先后干过前台、仓库管理、行政人事主管助理、客户服务主管助理等，在每个岗位上都没有积累足够的经验。虽然工资不低，同学们都很羡慕，但小胡却烦恼不已，正如她自己所说：“我感觉自己就像一块抹布，哪里需要就抹哪里。一旦公司有了适合的人选，我必定退出，因为他们的确比我专业、能干。”这份工作让她就像患上了职业恐惧症，害怕上班，躲着老板，以至于到了吃不好、睡不好的程度。

对于小胡的职业经历，职业指导师是这样诊断的：小胡产生职业恐惧感的原因在于，三年来始终没有明确的专攻方向和阶段目标，也没有积累相关的工作经验与专业知识，东一榔头西一棒子，没有打好长期可持续发展的职业基础。

职业指导师围绕小胡当前的职业能力、个人兴趣，以及行业发展潜力、竞争性、社会需求等诸多因素，为她设计了一套职业发展的阶段性方案：从印刷、培训、快递、办公用品等行业的销售代表或客户服务做起，经销售主管、区域销售经理等职位，最后到达销售总监的位置。

于是，小胡按职业指导师的指引，跳槽到一家台资办公家具公司担任销售经理职务，在那里她干得既起劲又快乐，并深得老板器重。

[思考]

“小胡的烦恼”对你有什么启发？

3. 确立切实可行的短期目标

职业生涯发展的近期目标就是当前所面临的第一个目标。再远大的事情也需要从眼前的事情做起，可以说，近期目标是迈向长远目标的第一步。万事开头难，做什么事情，第一步都是很重要的。第一步迈错了，虽然还可以从头再来，但是，可能会错过很多机会，浪费很多宝贵的时间。近期目标的最大特点就是只要自己努力就一定能实现，所以，近期目标一定是要切实可行的，不仅看得到，而且摸得着。它常常表现为具体的行动，这里所说的行动是指包括工作、学习、教育、培训等方面的计划和措施。

对于中职生而言，职业生涯发展的近期目标就是对自己要学什么专业课程、参加什么技能训练、加入什么社团活动、阅读什么课外书等方面做出选择，并筹划好措施，以便保质保量、持之以恒地完成，使自己尽可能在正式步入某个职业前具有优秀的素质，为继续实现阶段目标、长远目标打下坚实的基础。

只有能够实现的目标，才是好的目标，才能够真正起到目标的导向作用。那么，职业生涯发展目标如何设计和确定才是合理的呢？我们在确立目标时，必须要考虑自身条件和现实的社会环境，在充分、客观地认识自身的条件、现实环境及其变化的基础上进行有效规划。

对于一个人来说，“志存高远”是可贵的。但是，如果不能结合自己的条件和特点，就免不了会把理想变为好高骛远的空想。职业生涯发展目标的选择是从了解自己开始的，只有对自己的能力、兴趣、个性、价值观等有了比较清晰和明确的认识，才能够切实设定自己的职业生涯发展方向和目标；只有了解自己的优势与不足，才能使自己理性地面对纷繁复杂的职场，在规划职业生涯时走出盲目从众、眼高手低、无所适从的误区，真正做到人职匹配。

因为每个人的自身条件是不同的，所以为职业理想而确定的职业生涯发展目标也是因人而异、多种多样的，正所谓“条条大道通罗马”。

当我们以实事求是的原则选择适合自己的职业生涯发展目标后，该目标一方面会使我们的长处得到更好的发挥，另一方面还会使我们有意识、有目的地弥补自己的短处，不断改善和提升个人素质，以此来确保长远目标的最终实现。

在目标实现的过程中，我们常常会由最初设定目标时的“扬长避短”逐渐变为实现目标过程中的“扬长远长补短”。在此过程中，被不断地调适、丰富、改进、修正、提升，逐渐向“明天的我”靠近，随着阶段目标、长远目标的依次实现，一个“全新的我”也就顺理成章地被塑造成功。

每个人都处在一定的社会环境之中，个人的生存、发展是个人适应社会、融入社会的过程。个人的职业生涯发展规划不是闭门造车，一定要符合社会条件；而规划的最终实现也要取决于特定的社会因素和社会条件。比如说，如果一个社会生产力水平低下，职业种类很少，人们选择职业的余地就小，职业生涯发展规划的空间也相应很小；反之，如果社会科技进步，生产力水平日益提高，新的职业不断产生，人们选择、设定职业发展目标的空间就会变得更加广阔。

职业生涯发展目标要适应社会条件，既包括适应国家经济社会发展的大环境，也包括适应个人发展的小环境。社会政治和经济形势、文化与习俗等大环境决定着我们可以选择的职业岗位的数量与结构，还决定了我们对职业的认定和职业生涯发展的规划与决策；而个人所在的学校、社区、工作单位、社交圈子等小环境则决定着我们具体的职业活动范围、内容，还决定了我们的职业方向选择和职业生涯规划的起点。

个人的职业生涯发展目标不是一成不变的，要与时代的前进步伐相结合。只有紧扣时代脉搏，才能保证我们的职业生涯发展目标不落伍、不过时；只有对社会条件的变化有比较充分的了解，才能更有效地利用社会条件和各种新的政策，使自己的职业发展在纷繁复杂的社会环境中趋利避害。

课堂讨论

小江的转型

小江细心、热情，从职业院校毕业后，她应聘在一家寻呼公司做话务员。当时寻呼业务在社会上需求很旺，做这一行的收入也还不错，而且符合小江的性格、能力，她做起来得心应手。但是，一年后，小江发现随着手机的逐渐普及，寻呼业务已显出萎缩的迹象。在冷静分析后，小江认为以自己现有的能力还可以做更有挑战性的工作。于是，她在对所了解的几种职业进行判断和选择后，开始利用业余时间进修文秘专业的课程。后来，当她所在的寻呼公司因为业绩下滑而大幅裁人时，小江因早有准备，顺利地进入一家外资公司，开始了自己喜欢且能够胜任的秘书职业生涯。

[思考]

小江成功转型的原因是什么？

二、影响职业目标的因素

影响中职生们职业目标选择和设计的因素有很多。职业规划专家认为从总体上看，这些因素可以分为社会因素和个人因素，这两类因素共同构成一个人的职业目标确立的基础。

1. 社会因素

社会是人才得以活动、发挥才干的舞台。社会大环境是影响人才成长的根本因素。一个国家政治上安定，经济上发展，科学不断进步，就会对人才产生极大的需求，并能为人才的成长提供多方面的条件。而社会动乱、经济衰退、科技停滞，人才就难以产生。改革开放以来，随着我国市场经济体制的建立，为中职生的成才提供了良好的机会，也为中职生的发展提供了良好的社会环境。用人单位是人们工作和生活的微观社会组织。经济发展和科技进步使用人单位对人力资源的素质要求越来越高。许多有前瞻意识的单位都重视对员工的培养，积极为人才成长创造条件，鼓励员工从事专业学习更新知识，以提高技能、积累经验，不断有所发展。

社会因素有着丰富的内容。除去上述政治、经济、科技发展形势和用人单位的培养外，还包括个人的亲戚朋友等人际关系网络、在职业发展过程中可能获得的帮助、提高素质所需的学习机会和图书资料、成才的社会舆论、与职业生涯发展方面有关的制度与政策（如岗位培训制度，培训、考核与待遇相结合制度）等。社会因素不是个人所能决定的，社会大环境对于同一时期的人来说，都是相同的；对同一单位的不同人来说，条件也是相同的，而其他社会条件的差异则可能较大。发掘这方面的潜力，吸收、借鉴成功者的经验，寻求他们的帮助是一种聪明的做法，这也是积极地确立职业生涯规划目标的体现。

2. 个人因素

能力是一个人能否从事某种职业、能否在生涯旅程中顺利成长和获得成功的条件。能力具有客观性，因此在确立职业生涯目标和选择生涯道路时，要从客观实际出发，要以“人职匹配”为基本原则，同时要注意搜寻自身能力的强项。如果一个人在某一方面的特殊才能得到了发挥又符合社会需要，就会取得巨大成就，达到生涯的辉煌目标。能力因素对于职业生涯目标固然重要，但是非能力因素也有着巨大的影响，它对于能力因素有着激励、补偿或者约束、限制的作用。在个人生涯道路上，能力因素与非能力因素相辅相成，缺一不可。一个人除具备和培养一定的能力条件外，还应具备和培养良好的非能力因素即良好的个性心理品质，才能顺利发展取得成功。因此，中职生在确立职业生涯目标时，要坚持“有能力说，又不唯能力说”，以取得自身能力因素与非能力因素的最佳综合效应。

所谓个性心理品质，包括：人的兴趣，如兴趣的广度、兴趣的中心、兴趣的稳定性、兴趣的效能等特征；人的情感，包括人的心境、人的热情和人的激情三种状态；人的意志，包括人的自觉性、果断性、坚韧性、自制力和勤奋性等方面。良好的个性心理品质，不仅对人的成长和成功具有不可忽视的重要作用，而且比能力因素，特别是单纯智力因素的影响要大得多。成就大的人往往具有良好的个性心理素质，比如自信、乐观、谨慎、不屈不挠、执著、顽强等；成就小的人的个性心理素质则明显劣于前者。正如有位哲人所说那样：“伟大是熬出来的，对信念的执著不能靠一时的小聪明。在遇到困难时，多数人是再选择而不是将原来的选择坚持到底。成功者与常人的差别并不是在于智商而是在于毅力。这种毅力会产生一种力量，使人勇往直前。”因此，中职生在职业目标的确立上，也要深入认识和运用自身的非能力因素。

三、正确选择职业生涯发展路线

人的每一次职业抉择，都存在着机会成本问题，因为这会在很大程度上制约以后的职业选择和生涯发展的机会。因此，在确定职业生涯目标之前，明智的做法是先确定自己的职业生涯发展路线。

1. 认识职业生涯发展路线

所谓职业生涯发展路线，是指当一个人选定职业后，为了实现职业目标和职业理想所选择的路径，比如你是向专业技术方向发展，还是向行政管理方向发展？不同的发展路线对从业者的素质要求不同，影响到今后的发展阶梯也不同。由于发展方向不同，对其要求也不相同。因此，在职业生涯设计中须做出抉择，以便使学习、工作及各种行为沿着你的生涯路线和预定的方向前进。

当职业确定后，方可设计生涯路线。但我们认为，为使中职生的职业生涯设计更有针对性，同时也是为了促进中职生更好地认识自我，在大学期间，学生即可对自己的职业生涯路线做出规划，设想自己将来是走行政管理路线还是走专业技术路线，或是先走专业技术路线再转行政管理路线等，这些在设计中须做出抉择。

某市场营销专业同学的职业路线

[规划期限] 3 年

[起止时间] 2016 年 9 月—2019 年 7 月

[年龄跨度] 15～18 岁

[阶段目标] 顺利毕业；成为一个有一定经验的市场营销人员（职业方向）。

[总体目标] 成为一家公司的总经理。

[个人分析] 自己是属于那种很外向的人，善于沟通，曾经有过兼职推销人员的经历并取得了相当不错的成绩。而且，自己所学的专业也是市场营销专业，这也正是自己的兴趣所在。

[社会环境分析] 中国现在是一个政治稳定，经济、文化高速发展的国家，并且这种状况为每一个人都提供了一个好的发展机遇。随着市场经济的发展，市场在经济活动中的作用将越来越大。

[职业分析] 社会的发展将会对市场营销这一职业产生重要的影响，同时社会发展对市场营销的依赖性将越来越大。而且，社会对市场营销的需求将越来越大。个人选择的行业还没有最后确定，但比较感兴趣的是制药、保险和食品。这些行业都是社会所不可缺少的行业，而且随着社会的发展，这些行业的发展空间也会相当大。

[目标分解与目标组合]

(1) 目标分解：目标可分解成两个大的目标——一个是顺利毕业；另一个是成为一个有一定经验的市场营销人员。

对于第一个目标，又可分解为把专业课学好并把选修课学好，以便修完足够的学分，顺利毕业。接下来，还可以细分为：在专业课程中，如何学好每一门课程；在选修课程中，需要选择哪些课程，如何学好；等等。

对于第二个目标，又可分解为：接触市场阶段、了解市场阶段、熟悉市场阶段。接下来，还可以细分为：在接触市场阶段，要采用什么办法，和哪些公司保持联系；等等。

(2) 目标组合：顺利毕业的前提是学好专业课程，而专业课程的学习则对职业目标（成为一个有一定经验的市场营销人员）有促进作用。

[具体实施方案]

要成为一个有一定经验的市场营销人员，需要缩小自己和有一定经验的市场营销人员的差距。这些差距包括以下几个方面：

(1) 思想观念上的差距。刚从事销售的人一般会认为销售只是卖出商品，但有一定经验的人则会认为销售是"卖出自己"——客户只有相信销售者，才可能购买商品。为了缩小这种差距，需要向有经验的人员请教，并在实践中去体会这一点。

(2) 知识上的差距。书本知识的欠缺只是一个方面，更重要的应当是实践的差距。为了缩小这种差距，需要在学习书本知识的同时，多参与真正的市场销售，在实践中体会书本知识。

(3) 心理素质的差距。市场销售需要百折不挠的精神，而作为一个被人称为"天之骄子"的中职生，缺少的可能恰恰是这一点，往往遇到些许挫折和失败就会退缩。这种差距，需要在实践中逐步消除。

(4) 能力的差距。这一点可能是最重要的。为了缩小这种差距，除了在实践中逐步学习外，还要和销售高手保持密切的联系，以便随时请教和学习。

[检查和反馈]

在向销售高手请教的过程中，发现自己需要学习的书本知识很多，特别是外语方面的能力需要提高，否则，就无法适应现在的销售要求。所以决定加强英语的学习，准备报一个英语的口语班，每周上一次课，切实提高英语水平。在实习过程中还发现，销售中有很多仅属事务性的活动，所以决定以后把精力用在那些对自己有锻炼意义的事情上去。

2. 综合分析确定自己的职业生涯路线

在发展路线的抉择过程中，每一个中职生都必须针对下面三个问题反复询问自己："我想干什么？即我想往哪一路线发展？""我会干什么？即我可以往哪一路线发展？""我能干成什么？即我适合往哪一路线发展？"

回答这三个问题，是对"知己""知彼"有关情况的综合分析并加以利用的一个过程。第一个问题是通过对自己的价值、理想、成就动机和兴趣的分析，确定自己的目标取向。第二个问题是通过对自己的性格、特长、经历、学历及专业的分析，确定自己的能力取向。第三个问题是通过对自己身处的社会环境、经济环境、政治环境、组织环境的分析，确定自己的机会取向。三个取向确定后，进行综合分析，确定自己的职业生涯路线，这对中职生的职业生涯发展是非常重要的。

中职生的自身条件、基础素质不同，适合的职业生涯发展路线也就不同。有的人适合搞研究，能够在专攻领域求得突破；有的人适合做管理，能够成为优秀的管理人才。一般来讲，有三种职业生涯发展路线可供中职生选择，即专业技术型路线、行政管理型路线和自我创业型路线。

（1）专业技术型发展道路。

专业技术型发展道路是指工程、财会、生产、销售、法律等职业性专业方向。其共同特点是：都要求有专门技术性知识和能力，并需要有较强的分析能力。当然，这些技能必须经过长期的培训、锻炼和积累才能具备。如果你对专业技术内容及其活动本身感兴趣，并追求这方面的提高和成就，喜欢独立思考，而不喜欢从事管理活动，专业技术型的发展道路则是最好的选择。相应的发展阶梯是技术职称的晋升及技术性成就的认可、奖励等级的提高及物质待遇的改善。

如果你开始时选择了专业技术方向，但仍然对管理有兴趣，并且希望在管理领域做出一番事业，也完全可以跨越发展。即在开始阶段从事某种技术性专业，不断积累充实自己的专业知识，打下坚实的技术基础，然后在适当的时候，转向专业技术部门的管理职位。将技术骨干提拔到领导管理岗位的事例在各个领域屡见不鲜，事实上这也是时代发展的客观需求和必然趋势。

（2）管理型发展道路。

如果你善于并喜欢与人打交道，处理人际关系问题感到得心应手，善于从宏观角度考虑问题且比较理智，并善于追求权力、影响力、控制他人，管理型的发展道路则是恰当的选择。把管理这个职业本身视为自己的目标，相应的发展阶梯一般是从基层职能部门开始，然后向中级、高级部门发展并不断地积累提高业绩，达到了相应层次职位的要求。管理型发展路线对个人素质、人际关系技巧要求相对较高。

（3）自我创业型发展道路。

现在，有不少人开始选择自我创业或走自由职业者的道路。如日本的就业市场最近出现一个新的趋势，即自由职业者的比例越来越高。根据私人智囊机构 UFJ 提供的数字显示：在 2001 年，日本没有固定职业的年轻人总数为 420 万人，但到 2006 年，这类人群已突破 470 万人，达到一个历史最高点。创业自有快乐，但创业的艰难也并非是常人能够想象的。客观上，创业要有良好的机会和适宜的土壤；主观上，创业人不仅要有强烈的创造与成就愿望，而且对心理素质要求高，要能够承受巨大的心理压力和承担风险，还要有新思维，善于开拓新领域，开发新产品。要想创业成功，你必须先到社会组织中锤炼，学习如何管理企业。较好的途径是到相关领域组织中从事研究开发和市场销售。

要强调的是，不管你选择哪种职业生涯发展路线，最重要的是一定要结合实际，综合考虑自己的个性、价值观、兴趣、能力等自身条件和社会与组织环境，反复权衡再予以确定。

四、职业目标的选择

职业目标的选择，是关系着每个人的人生大事。这个问题对于尚未就业的年轻人和已经有了一定职业经历的人来说，都是必然要面对的。尤其是对于尚未就业的职业院校学生来说，如果目标选择得当，就等于找准了人生的坐标，在未来的职业发展道路上就会少走弯路，事半功倍。

人的职业生涯可大致分为职业准备期、职业选择期、职业适应期、职业稳定期、职业衰退期和职业结束期。在职业生涯的不同时期，我们应当有不同的职业生涯发展目标，而且这些目标都不是一成不变的，会随着年龄和职业经历的变化而随时调整。在现实中，有人选择的目标像蓝天上的白云，美丽但飘忽不定；也有人的目标像夜空中的明月，鲜明但却遥不可及；还有人在选定目标时一味追随社会潮流，而忽略了个人的兴趣和潜质；更有甚者干脆由他人替自己做主，这样选定的目标最终只能是永远也实现不了的空想。

要想正确选择职业生涯发展目标，让自己每个时期的努力都能和自己最终选择的职业生涯发展目标的美好愿望形成一个科学的、紧密的联系时，不能只“低头拉车”，还应让目标发挥指引、定位和方向的作用，同时“抬头看路”。

课堂讨论

应用 SWOT 方法评估一项任务

选择一个要通过努力才能达到的发展任务，如：担任学校学生会主席、英语考试成绩达到某个等级、做兼职、找到一个满意的工作等。应用 SWOT 方法评估你的胜任程度。

1. 优势：

____

____

____

2. 弱势：

____

____

____

3. 机会：

____

4. 威胁：

探索要在预计时间完成任务的措施：

你的分析结果是：

任何人都不可能瞬间实现自己的人生目标，任何一个远大、宏伟的目标都不可能一蹴而就。职业生涯发展的长远目标是通过若干阶段目标的达成才得以实现的。如果我们能科学地设计和把握自己的每个阶段目标，那么，随着阶段目标的依次实现，我们与成功的距离就会越来越近。

小案例

打开梦想的盒子

小为是某中医药职业院校的学生，她热情、聪明、上进心强。受家庭影响，她从小就接触中草药，梦想长大后要开发家乡的特色中草药。在进入职业院校接触了更多的中药专业知识后，小为心中的职业梦想更加清晰，对未来的规划也变得更加明确。

首先，小为要求自己在课堂内外勤奋学习，多向学校研究中草药的名师求教，尽可能地利用课余时间到学校附近的药用植物园参加中草药种植、施肥、日常管理等实习，争取在毕业前掌握1 000种中草药的功能、栽培技术和储藏方法等专业知识。

此外，小为还打算毕业后在亲朋好友的支持下自己创业，结合家乡的自然条件优势，科学种植鸡骨草，定点供应家乡的制药企业。等自己积累了比较丰富的种植经验后，就逐步扩大种植规模，建立其他品种的中药材试验基地，在稳定发展区域市场的基础上，推向全国各地甚至国际市场。

后来，小为真的成了远近闻名的中草药种植大户，每天忙碌在中草药种植园里。

[思考]

请说说小为是怎样一步一步打开自己梦想的盒子的？

我们要想实现职业生涯通向长远目标的台阶，就必须找到适合自己的职业生涯路径。而由长远目标一步步倒推出来的阶段目标就是在实现长远目标的道路上的一个个台阶。这些台阶排列组合在一起，就构成了一条通向长远目标的成功之路。

在这个成功之路上，一旦实现了一个目标，一个新的更高的目标又会出现。如果我们能以坚定和努力拼搏的态度面对它，迎接新的挑战，就会朝着另一个新的目标迈进。只要我们能坚持不懈地“拾级而上”，终有一天，当我们站在阶梯的顶端，我们就可以与自己的长远目标“面对面”了。有无阶段目标是职业生涯设计优劣的重要标志。阶段目标设计得是否合理，是长远目标能否实现的必要前提。

阶段目标的特点

(1) 每个阶段目标都十分具体。这不仅指对某职位或岗位的目标定位，还包括实现目标需要具备的素质要求、弥补差距的措施、明确的时间界定等，能让我们确切地把握实现这一目标需要做出哪些具体的努力。

(2) 每个目标都有实现的可能性，让人感觉“够得着”“有希望”。这可以让我们不会因目标遥不可及而丧失信心，也让目标真正成为引路明灯。

(3) 目标要有一定高度，有一定的挑战性。阶段目标不是轻而易举就能达到的，而是必须努力拼搏，“跳一跳”才能达到。这样既可以防止在原地踏步，避免出现懈怠，又能让人在目标实现后有成就感，起到激励作用。

(4) 阶段目标之间具有关联性。一方面，各阶段目标都与长远目标在努力方向上密切关联，保持一致；另一方面，各阶段目标之间也彼此关联，前一个目标是后一个目标的奋斗基础，后一个目标是前一个目标的努力方向。

课堂讨论

总换工作的林小姐

林小姐是杭州人，22 岁，职业院校学历，计算机网络专业，参加工作已 4 年多。刚毕业时，父母托关系把她安排到了一家公司做销售。但由于性格内向，工作成绩始终不行，压力越来越大的林小姐就辞职了。第二份工作是一家公司的文员，平时做一些打字之类的琐碎小事，学不到什么东西，于是林小姐又辞职了。后来她又找了几份工作，都和第二份工作差不多。目前林小姐在一家公司做经理秘书，对这份工作，她还是比较满意的。

最近同学聚会，林小姐发现周围的老同学个个比自己混得好，有些已当上了主管。再看看自己，经理秘书虽听起来不错，但不过是吃青春饭，说不定哪天就失业了，所以林小姐想换一份稳定的工作。想来想去，除文员、经理秘书这些也想不出其他工作了。她该怎么办呢?

［讨论］

林小姐的职业问题出在哪里？请你给林小姐设计一个合适的职业生涯发展阶梯。

五、阶段目标的设计

每个人的阶段目标各有不同，阶段目标的设计也因阶段目标的设计思路人而异。根据自己期望达到的标准，既可以按照时间段或自己的年龄段期望达到的标准设计自己的阶段目标，也可以按照知识增长、能力提升来设计自己的阶段目标，还可以按照职业任职资格标准的提高设计自己的阶段目标。

虽然阶段目标的设计方法多种多样，但设计思路却比较相似，常常采用的是逆向思维，也就是“倒计时”或“往回推”的方式，即根据实现长远目标所需要的台阶、需要的时间、需要的知识等，由长远目标到近期目标，往回倒推着进行设计、规划。

不论如何设计阶段目标，其目的都在于分步缩小“现在的我”与“明天的我”之间的差距，分阶段逐步提升自身素质，不断向更高的目标攀升。实现各阶段目标的过程，实际上就是分步缩小自己与长远目标的差距的过程。

小知识

如何设计阶段目标?

（1）结合自身发展条件，对照长远目标的具体要求，理清优势，分析差距。

（2）把自己与长远目标之间存在的差距加以分类，按与达到长远目标的关联程度排序。

（3）参考差距，以分阶段弥补差距为台阶，选择搭建阶段目标的主线。

（4）为各阶段设一个简洁、明确、醒目、层次分明的标题。

（5）列明各阶段目标的内涵及实现该目标所需的时间、措施等内容。

(6) 对前后衔接的两个阶段目标的要求进行比较，理顺关系，并对必要的说明给予修改。

阶段目标是通往长远目标的台阶，要想最终走向阶梯的顶端，还要从我们脚下的这级台阶开始迈步。只有从具体的近期目标出发，才能一步一个脚印地前进。

在一系列阶段目标中，离我们最近的近期目标是阶段目标的着陆点。所有的阶段目标都要通过变为近期目标才能得以落实。无论我们怎样划分阶段目标，近期目标都是比较重要的阶段目标。它既是我们为实现职业生涯目标而努力的起点，又是我们每个阶段目标的着陆点、启动点。

对于职业院校学生来说，为职业生涯发展制定长远目标，科学规划阶段目标是必需的，但又是不够的，因此应拿出更多的精力关注近期目标。古人说："千里之行，始于足下"，我们可以把这句话引申为"职业生涯之行，始于近期目标"。既然是离我们最近的目标，甚至唾手可得，就说明它与我们的差距很小，比较清晰、明确，而我们制定弥补这一差距的措施也比较有把握，所以，让我们从近期目标开始努力吧！

近期目标就是在短期内能够实现的目标，如接受什么样的学习和培训、学习哪些特定的知识、做出什么成绩、晋升到什么职位等。制定近期目标的要领具体包括：

(1) 目标要具体、明确。不仅要表明需完成的任务、所能达到的状态，还要列出措施，并保证措施明确、得当、有可操作性，切忌空洞、不着边际。

(2) 目标要可及。就是制定目标不必定得太高，要先从"稍加努力就能达到"的目标开始，使自己在攀登一个个台阶的初始阶段，能比较容易地品尝到胜利的喜悦，体验到成功的快乐，获得继续攀登的信心，增强向长远目标奋斗的决心。

(3) 目标要切合实际。近期目标要符合个体的性格、兴趣、特长，并能产生内在的激励作用。

(4) 目标要考虑环境的变化。设定的目标要具有一定的弹性并可根据环境的变化进行调整；同时要有应对职业生涯环境、实现近期目标的条件等发生变化的备选方案。

(5) 目标要具有可评估性。要有明确的时间限制及标准，以便进行检查和评估，为修正职业生涯规划提供可靠的依据。

课堂讨论

自我评估练习

第一步：我现在处于什么位置？（了解职业现状）

方法：思考一下你的过去、现在和未来，画一张时间表，列出重大事件。

第二步：我喜欢做什么？（这有利于未来的目标设置）

方法：思考你目前和未来的生活，回答三个问题：你觉得已经获得了哪些成就？你未来想要得到什么？你希望人们对你有什么样的印象？

第三步：未来理想的一年。（明确所需要的资源）

方法：考虑下一年的计划。如果你有无限的资源，你会做什么？理想的环境应是什么样的？理想的环境是否与第三步吻合？

第四步：一份理想的工作。（明确所需要的资源）

方法：思考一下如何通过可利用的资源来获得一份理想的工作，考虑你的角色、资源、所需的培训和教育。

第五步：通过自我总结来规划职业发展。（总结目前状况）

方法：思考下列问题。

（1）你擅长做什么？人们对你有什么印象？

（2）为达到职业目标，你需要哪些努力？

（3）在向目标进军的过程中，你会遇上什么阻碍？

（4）你目前该做什么才能迈向你的目标？

（5）你的长期职业生涯目标是什么？

小案例

梦想，从这里起飞

小李是一所省级旅游职业学校酒店管理专业的学生，他在老师的帮助下，对自己的未来发展做了详细的规划。下面是他职业生涯规划中近期目标的部分，也就是在校学习期间的规划。

（1）第一学年第一学期参加职业指导培训，在专业老师的指导下进行职业兴趣测评，了解自己，了解专业性质，明确职业方向，树立职业目标，制定“职业生涯规划”。

（2）第一学年第二学期参加全国计算机考试，获得计算机二级资格证书。

（3）第二学年第一学期参加酒店中级服务技能资格证考试，并获得证书。

（4）第二学年第二学期参加全国英语等级考试，获得二级英语等级证书；参加校内的日语培训班，能够进行简单的日常用语交流。

（5）完成两年酒店管理专业知识的学习，各科平均分不低于 80 分，为继续大专学历的学习打好文化基础。

（6）在校学习期间，全面发展，担任班干部、加入学生会，有意识地培养自己的管理能力，争取获得“三好学生”“优秀干部”荣誉称号。

（7）参加学校每年举办的中西点服务技能大赛，争取获得“客房服务”和“餐饮服务”优胜奖；参加酒店服务知识大赛，丰富酒店服务知识。

(8) 在第三学年的实习中遵守实习单位的规章制度，运用所学的专业知识，不断锻炼自己的综合能力，顺利通过实习，争取被评为“优秀实习生”。

(9) 以优异的成绩毕业，争取获得“优秀毕业生”荣誉称号。

[思考]

请对照“近期目标的制定要领”，说说小李制定的近期目标有什么地方值得我们学习。

六、围绕近期目标补充发展条件

近期目标离我们最近，不仅“看得到”，而且“摸得着”，但它毕竟是目标，与现状存在差距，仍然需要我们努力去达到。那么，面对近期目标，我们首先要做的就是找到自身发展条件与近期目标之间的差距，然后为缩短这个差距，制定具体、可行的措施。

根据前面所学的知识，在职业生涯发展规划中，我们要做寻找发展差距两次发展条件分析，但两次分析的针对性各有侧重，第一次分析侧重“定目标”，第二次分析侧重“找差距”“定措施”。

在确立发展目标、构建发展台阶之后，我们应以自身条件再分析为主，辅之以外部环境分析，在找到与近期目标的距离的前提下，将自身条件与近期目标的要求进行对比分析，把对比得出的差距详细列出，作为制定改进措施的依据。

如果说为确立发展目标而做的第一次分析的出发点是“扬长避短”，多用自己的优势去估算与长远目标的距离，那么，在针对近期目标的第二次分析时，则要更多地考虑“查漏补缺”，多用自己的劣势去估算与近期目标的差距。重点分析近期目标对职业能力、思想品质、日常行为习惯等方面有什么要求，分析自身兴趣、性格、能力等个性特点与近期目标要求的匹配程度，从中找出差距，归纳出自己在知识、技能、行为习惯等方面存在的“短板”。接下来，尽可能把每一方面的差距加以量化，了解差距最大的是哪些方面，再对这些差距进行深入、细致的分析，找到造成差距的原因，为制定改进措施做准备。人要自知，通过以上补充分析，不仅能让我们找到自己的差距所在，也能使我们获得进步，让我们明确产生差距的原因；同时，还有助于我们进一步修订近期目标，使随后制定的改进措施更有针对性。

七、选择职业目标的方法

通过对个人发展条件的补充分析，我们可以清楚地看到自己的差距，接下来要做的就是找到适合自己的缩小差距的方法，列出弥补弱点和不足所需的行动计划，并制定出一个明确、详细、可实施的改进方案。

1. 取己所长

通过对自己能力、潜力的认识和测评，真正了解自己；通过自我认识和检验，找到自己的长处，弄清“我能干什么”。

2. 为职业机会打分

随时评估环境变化会给自己的职业生涯带来的机遇和挑战。弄清了这些，就会明白对于自己来说，什么是可以做的，什么是不能做的。

3. 懂得取舍

有时，目标之所以不能实现，是因为太多的目标让人无所适从。所以，在选择职业生涯发展目标时，应该明智地做出取舍，懂得什么该保留，什么需暂时放下，什么该彻底放弃。只有这样，才能做出正确的选择。

4. 倾听他人建议

在制定职业生涯规划的过程中，总有一些人的意见和建议是可以借鉴的，这些人可以是上级领导，也可以是父母、亲友，还可以是老师、同学。正所谓旁观者清，这些来自周围不同角色的建议，可以使人在选择职业生涯发展目标时更清醒地认识现实与理想的差距到底有多大，甚至还可以让人在未来的职业生涯发展中少走弯路。

5. 合理排序

人的职业生涯是由低到高步步递进的，职业生涯发展目标有高低之分，实现这样的目标也有难易之分。因此，在选择职业生涯发展目标时，应当加以区分，合理排序，从易到难，循序渐进。

在制定的方案中，你可能需要掌握某些新的技能，需要提高某些已有的技能，需要学习补充新的知识；你可能需要养成某些必需的职业行为习惯，需要调整与职业相关的个性弱点，需要培养适应职业需要的心理素质；你可能还需要积累某些职业经验，需要有意识地开发自己的职业潜能等。

小知识

制定改善措施的原则

为了让我们制定的改善措施更有指导性与可行性，需要把握如下原则：

(1) 改善措施要有针对性。既要全面，又要有重点；既要全面提升自己，又要分清轻重缓急，对于职业生涯发展的短处或缺口要必须补、抓紧补、及时补、重点补，注意排出顺序，分步解决。

(2) 改善措施要合理可行。对于自己的差距，要积极改进，不能急于求成；要难易适度，不能不切实际；要量体裁衣，不能好高骛远。实现不了的措施只能是形同虚设。

(3) 改善措施要具体、明确。因为是要马上落实、立即执行的措施，所以应该是可操作的、有指标的、易量化的具体措施。

(4) 改善措施要有一定的弹性或缓冲性。在制定改善措施时，要考虑到环境和自身条件。在制定主要措施的同时，可为自己制定备选方案，使实施过程能应对自身和环境的变化，及时做出灵活的调整。

课外拓展

木桶原理

木桶原理也叫短板理论，是由美国管理学家彼得提出的。木桶是由许多块木板箍成的，木桶盛水的多少，并不取决于桶壁上最高的那块木板，而恰恰取决于桶壁上最短的那块。若其中一块木板很短，则此木桶的盛水量就被短板限制在较低水平。这块短板就成了这个木桶盛水量的限制因素（或称“短板效应”）。若要使此木桶盛水量增加，只有换掉短板或将短板加长。根据这一分析，木桶原理还有两个推论：其一，只有桶壁上的所有木板都足够高，木桶才能盛满水。其二，只要这个桶壁上有一块高度不够的木板，木桶里的水就不可能是满的。

木桶原理对于我们实现近期目标有何启示？你的“短板”在哪里？如何加长“短板”？根据自己的情况，写一篇职业目标的小论文。

思考题

1. 为什么说确定职业目标很重要?
2. 如何根据自己的情况选择职业目标?
3. 阶段性目标有什么特点?
4. 简述长远目标、阶段目标与近期目标的关系。

主题六　职业环境

重要知识点

1. 职业组织类型。
2. 职业环境。
3. 组织文化。
4. 当前劳动力市场。

案例引导

高兴与困惑

上海的一家公司到哈尔滨某学院招聘电话销售员，报名参加应聘的同学不少。在面试结果出来后，一位同学很高兴地对就业指导老师说："您在大一上职业规划课的时候建议我们多做一些兼职，我就按照您说的去找了几份兼职工作，都是做销售，我很喜欢干这个工作。当别人接受了我的想法，我的产品和服务被认可的时候，我心里有种说不出的高兴。而且我很喜欢上海，一直希望能去那里工作。这次我被录用了，实在是太高兴了。谢谢老师，我会努力工作的。"这时，旁边站着的另一位同学却眉头紧皱，她说她也被录用了，但却不知道自己是否合适，"老师，您说我去不去呢？我也不知道自己是否适合做销售。"她不知道该如何选择，希望就业指导老师能帮她分析一下。

[小提示]

职业受制于环境。影响职业的环境不仅有宏观环境，如就业政策、就业法规、就业总体形势、经济发展水平、各地区文化特点、技术革新等因素，也有微观环境，如企业发展状况、企业规模水平、企业核心竞争力等，以及政府机关、事业单位、社会团体等非营利性组织。但是，影响职业更多的因素还是来自于中观环境，如行业、产业、市场结构、劳动力市场状况等。因此，为了更快地找准自己的职业，就必须对中观环境进行认知。

中职生经过学习，参加工作后的开始几年，他们实际处于职业生涯的探索期，在此期间，要完成对新的社会环境、工作环境的认识，尽快找到立足社会的支撑点，适应工作环境的要求，少问“为什么”，多问“是什么”“如何做”，尽快适应工作环境。

一、职业组织认识

1. 职业组织类型

组织也称单位，是为了达到特定的目标而特意构建的社会单位。公司、军队、学校、医院、教会、监狱都属于组织；部族、班级、民族、家庭不属于组织。我国的职业组织一般可以分为以下四种类型：

（1）企业单位。

从事生产经营和社会服务等经济活动，具有法人资格，实行独立核算的营利性组织，是国民经济的基本单位。企业单位尽管有着多种多样的目标，比如承担社会责任、保障员工的安全与福利、获得顾客的肯定等，但所有企业都有一个核心的目标，那就是合法地获取盈利。无论是提供有形的产品还是无形的服务，企业都是为了追求更高的利润。在我国，根据所有制性质，可以将企业分为以下几类：全民所有制企业、集体所有制企业、私营（个体）企业、混合所有制企业（中外合资经营企业、中外合作经营企业）和外商独资企业。

（2）事业单位。

不以营利为主要目的，接受国家财政支持，但不履行行政管理职能，不从事独立经营，提供社会服务的单位。随着改革的深入，事业单位的经营管理模式也在不断变化，接受财政支持的程度也有较大差异，有些事业单位已经实行企业化管理，完全靠自收自立维持活动。可根据国家拨款占经费来源比例将事业单位分为三类：全额拨款类，比如科学研究、基础教育等部门；差额补贴类，比如医疗卫生、高等教育等部门；自收自支类，比如一些文化艺术组织等。

（3）社会团体。

是社会上各种群众性组织的总称，包括工会、团委、妇联、青联、科协、各类学会、行业协会、各类公益性组织，如红十字会、环保组织“地球村”等。社会团体不以营利为目的，而是专注于为社会提供某种特定内容的服务，或者专注于维护本组织成员的共同利益。

（4）政府单位。

泛指各级党委和政府行政管理机构，不仅包括各级政府，还包括中央和地方各级党委、人大、政协、法院、检察院等管理机构。政府单位的目的也在于提供服务，但它不同于社会团体的作用，政府的目的在于为全社会成员提供更为普遍和基础的公共产品与公共服务，如基础建设、安全保障、教育环境、就业环境等。在我国，政府更重要的职能是制定社会、经济的发展目标和规划，采取措施保障国民经济健康、有效运行，保障社会和谐、科学发展。

2. 职业组织结构

了解组织结构，可以从组织结构的复杂性与规范性的角度来考察。复杂性是新员工对组织的第一个感受，比如不同的专业分工及职位名称、不同的部门、不同的层级、不同的领导等。

人们常常会从两个方面来考察复杂性，水平层面的部门数和垂直方向的层级数。水平层面的部门是指组织内部的专门的职能部门，如人力资源部、营销部、宣传部、法律部等，职能部门越多，组织就越复杂。垂直方向的层级是指从组织的最高决策层到普通员工，一共有多少个管理层级。组织的层级数与组织员工的数量有关，但不是绝对的。有些组织人员并不多，但管理层级不少；也有些组织员工很多，但是层级很少。

了解组织结构的另一个角度是规范性。在许多方面，规范性对于个人都是关键的结构变量，因为规范性程度对个人的行为有很大影响。个人的谨慎程度与组织对个人行为规定的详细程度成正比。组织的规范性程度显示了决策者对组织成员的看法。

如果决策者认为组织成员有能力做判断、有能力进行自我控制，那么规范性程度就会较低；如果决策者认为组织成员没有自我决策能力，他们的行为需要大量的规则来指导，那么规范性程度就会提高。

规范性程度是组织对成员个人的控制，比如不同的组织及同一组织的不同部门对人们何时上班的规定会大不相同：在规范性程度高的组织，最规范的表现是规定员工必须在上午八点或九点钟坐在办公桌旁，否则扣除一定的工资；反之，则是不要求员工什么时候必须在岗，只要完成任务就行。

3. 职业组织文化

组织文化是指由组织的战略目标所决定的，被广大员工内心认同的价值观，并且在员工的行为上表现出来的行为方式。比如麦当劳要长期保持自己在快餐领域的领头羊地位，需要给客人以品质稳定、高效、清洁、热情、友好的消费体验，因此，所有的员工都要自觉严格遵循标准化的操作流程，保持热情友好的服务态度，不停歇地清理地面、桌面和用具。那种多数管理者和员工都认同价值观并遵循类似行为方式的文化称为强文化，只有少部分人认同价值观并遵循类似行为方式的文化称为弱文化。一般来说，拥有强文化的组织拥有更强大的战斗力和生命力，因为大家都认同一致的目标，拥有一致的行动，可能产生整合的力量，匹配这种文化的员工在其中会感觉如鱼得水，对组织产生很强的承诺感。

根据组织的关注点和控制倾向，可以将组织文化分为以下四类：

（1）行政单位文化。这是重视正式化的规则、标准操作程序和等级协调的组织文化，一般是政府机构应持有的组织文化类型。在这种组织文化里，各种行为规则一般都是正式的，对员工的任务、职责、工作流程和方法都有较为明确的定义，要按“规定”办事。

（2）团队型文化。每个员工都高度认同组织和同事，有较高的自我管理水平，能自愿为组织付出额外劳动，相信自己对组织的忠诚一定会得到组织的肯定，对组织有很强的自豪感和归属感。而组织也能以员工为本，照顾员工的长期发展，并关心员工工作外的生活，为员工提供全面、优质的福利待遇。

（3）创新型文化。高度的冒险、富有动力和创造力是创新型文化的特征。每个员工的首创性、变革性都会受到赞扬和鼓励，墨守成规、怕犯错误、谨小慎微是被这种文化所拒绝的。这种组织文化要求员工有积极乐观的品质、进取精神和开拓精神。很多中小企业或者高科技企业拥有此类组织文化。

（4）市场型文化。在这种文化里，员工和组织的关系是契约关系，员工被赋予一个具体、可测量的目标，比如以财会或市场为基础的目标——销售额、利润率、市场占有率等，组织要在这些目标完成后给予相应的回报。组织并不承诺契约约定之外的回报，如长期雇用或者晋升，员工也对组织表示忠诚，双方的关系就是市场关系。

小知识

中职生初涉职场的“七要”

经过几年的学习，中职生初涉职场，意气风发的你真有一种舍我其谁的心态。然而，现实却总不能尽如己愿，光有满腔热情是不够的。在踏入职场的时候，要懂得“七要”。

一要认真了解企业文化。每家公司都有林林总总的成文、不成文的制度和规则，它们加在一起，就构成了公司的精髓——企业文化。想迅速融入环境，在公司里如鱼得水，就要对这些制度、规则烂熟于心，严格遵守。初来乍到，切记莫逞英雄，天真地想去改变公司现有的文化，这样你只会给自己惹来麻烦。

二要快速熟悉每位同事。忽然跳入一个完全陌生的圈子，要找到几位兴趣相投、价值观相近的，与之建立友谊，尽快打造自己在公司里的社交圈。这样，一旦在工作中遇到困难，不愁没人对你进行点拨。不过要注意，与同事搞好关系应把握一个度，千万不要钻进某个狭隘的小团体，拉帮结派只会引起“圈外人”对你的对立情绪，有百害而无一利。

三要做事分清轻重缓急。一个人的能力、精力有限，谁也不是超人，不可能一夜之间解决所有难题，做完所有事情。当一大堆工作同时压到你身上时，按轻重缓急的次序依次完成，是最合理的解决之道。暂且把那些杂七杂八的小事搁下，集中精力处理棘手的事情，安抚要求苛刻的客户。做好一件事，远比事事都尝试、最终却一事无成要强得多。

四要绝对遵守公司章程。每家公司都有自己的规章制度，有些是无论在哪里都必须遵守的，比如不迟到、不早退、办公时间不打私人电话等等。也许没有人因你早下班10分钟而指责你，但老板的眼睛是雪亮的，如果在这种小事上栽跟头，可真是得不偿失。

五要学会任劳任怨。一般说来，一开始用人单位都会把一些琐碎、单调、技术含量低的工作交给中职生，让他得到锻炼。这个阶段缺乏乐趣和挑战性，往往让中职生觉得自身价值无法体现。其实这个时候应该任劳任怨地做好。要相信，这只是小小考验，只有表现好，才有机会获得进一步施展才能的机会。

六要和上司适当保持距离。和上司适度保持距离是必要的，尽量避免“马屁精”的嫌疑，否则会在无形中失去许多同事的信赖。当然，对上司要绝对尊敬，万一与之产生冲突，一定要克制、克制再克制，不然只有另谋高就了。

七要学会工作也会娱乐。和同事一道参加娱乐活动，是联络感情、拉近距离的绝佳方式，很多时候，友谊就是从集体活动中衍生而来的。太拘谨在职场中不会受欢迎，既会工作，又会娱乐的人一般比较受欢迎。

二、职业组织环境比较

政府机关、事业单位、社会团体、企业组织，哪一类职位更好？大企业、小企业，哪一类更有发展空间？外企、国企、民企，哪一类企业待遇更好、压力更小、稳定性更强？其实，没有更好，只有更合适，各类岗位各有优劣势。了解不同类型组织各自的优劣势，对于大学生的职业选择与职业发展具有十分重要的作用。

1. 外企、国企、民企优劣势分析

外企、国企、民企优劣势分析，如表6-1所示。

表6-1　外企、国企、民企优劣势分析

类型	特色优势	相对劣势
外企	1. 成就感和优越的生活条件 2. 成熟、规范的职业生涯管理系统 3. 注重沟通、员工福利和培训 4. 晋升机制相对透明、公平	1. 工作强度大，竞争激烈 2. 亚健康和个人生活缺失 3. 模块化、流程化，束缚个性发展 4. 贫富差距大，职业发展历程长

续前表

类型	特色优势	相对劣势
国企	1. 工作相对轻松、压力较小 2. 管理有弹性，竞争不残酷 3. 论资排辈，同级少有摩擦 4. 各种福利、休假、待遇好 5. 没有太多后顾之忧	1. 职业升迁更注重论资排辈，而非能力 2. 工作效率低，企业认同感不强 3. 近亲繁殖、任人唯亲 4. 没有竞争机制和赏罚机制 5. 较长的职业发展历程
民企	1. 对环境反应灵敏，潜力大 2. 发展机会较多，易发挥个人特长 3. 升迁路径相对透明 4. 团队合作较单纯而愉快	1. 管理不规范，工作环境及稳定性差 2. 职业发展前景不明确 3. 身边可获取的人脉资源较贫乏 4. 薪资福利不够规范、公平 5. 谋求更高发展的选择范围狭窄

2. 大企业、小企业优劣势分析

大企业、小企业优劣势分析，如表 6－2 所示。

表 6－2　　大企业、小企业优劣势分析

类型	优势	劣势
大企业	1. 比较完善的管理体制 2. 专业化程度高 3. 较好的商业信誉 4. 健全的培训机制 5. 成熟的职业发展通道 6. 稳定的福利保障 7. 人脉质量高	1. 论资排辈比较普遍 2. 层级与繁文缛节较多 3. 决策较慢 4. 企业内部关系复杂 5. 工作内容过于单一 6. 晋升需要按部就班 7. 发展空间有限，不易出头
小企业	1. 对市场敏感，决策灵活 2. 可以得到全方位的锻炼 3. 能从创业角度看职场 4. 加薪升职空间大 5. 同事关系相对简单 6. 市场与客户意识强 7. 有机会参与项目决策	1. 公司管理不规范 2. 鲜有培训 3. 没有福利保障 4. 受老板个人因素影响较大 5. 办公环境较差 6. 工作随机性较大 7. 个人时间常被无偿占用

3. 不同类型单位的制度、文化和发展前景比较

不同类型单位的制度、文化和发展前景比较，如表 6-3 所示。

表 6-3　不同类型单位的制度、文化和发展前景比较

类型	企业制度	工作环境	工资待遇	发展前景
政府机构、事业单位	严格遵循国家规定的公务员管理和行政管理制度	工作无挑战性，工作对个人能力要求不高	工资不高，福利较好	职业能力成长较慢，职位晋升机会较少等
国有企业	体制较为固定	工作环境较轻松，回报与个人表现有一定联系	大型国企工资待遇较好，工作比较稳定	职业能力成长有限，晋升机会比政府部门略多
民营企业	制度相对不健全，大型知名民企制度较好，小型民企多有漏洞	工作辛苦，有挑战性，能够充分发挥能力，回报与个人表现紧密相关	工资待遇一般，福利不够好，工作稳定程度不高	职业能力成长快，晋升机会多
外资企业	制度较健全，公司管理科学，知名外企通常有严谨、规范的公司制度	工作辛苦，个人能力发挥有限，有独特的企业文化和良好的激励机制，人际关系较为简单	工资待遇和福利普遍较好，工作稳定	职业能力成长较快，中层经理以下晋升机会多，晋升上层经理机会少

三、行业与产业

了解了组织后，大学生还应当更深一步了解该组织所属的行业和产业。不同的行业在我国有着不同的发展前景，有些是朝阳行业，有些是支柱行业，了解行业的发展前景是大学生职业探索的重要内容。

1. 行业

行业是指从事相同性质活动的所有单位集合，如各级各类学校构成了教育行业，各种软件公司、网络公司构成了 IT 行业，各个建筑公司构成了建筑行业等。

我国于 2011 年颁布了新的《国民经济行业分类》。新标准将国民经济行业划分为门

类、大类、中类和小类四级，共有 20 个行业门类，95 个大类，396 个中类，913 个小类。这 20 个行业门类为：

(1) 农、林、牧、渔业；

(2) 采矿业；

(3) 制造业；

(4) 电力、燃气及水的生产和供应业；

(5) 建筑业；

(6) 交通运输、仓储和邮政业；

(7) 信息传输、计算机服务和软件业；

(8) 批发、零售业；

(9) 住宿和餐饮业；

(10) 金融业；

(11) 房地产业；

(12) 租赁和商务服务业；

(13) 科学研究、技术服务和地质勘察业；

(14) 水利、环境和公共设施管理业；

(15) 居民服务和其他服务业；

(16) 教育；

(17) 卫生、社会保障和社会福利业；

(18) 文化、体育和娱乐业；

(19) 公共管理和社会组织；

(20) 国际组织。

2. 产业

产业是行业的集合，是对经济活动最基本的描述。根据社会生产活动发生的顺序对产业进行划分，一般分为三个大类：第一产业、第二产业、第三产业。虽然三类产业的划分是国际通用方式，但三类产业的范围却不尽相同，随着经济的发展，各国的划分也在不断变化。我国对产业范围的划分是：第一产业包括农、林、牧、渔业；第二产业包括采矿业，制造业，电力、燃气及水的生产和供应业，建筑业；第三产业包括除第一、二产业以外的其他行业。

在我国，第三产业在整个经济结构中的比重远低于发达国家，我国作为“世界工厂”，制造业仍旧是支柱产业，但从长期来看，第三产业的发展将是我国经济发展的重心所在，将是未来劳动力需求最大的产业。

四、劳动力市场

了解行业和产业的原因在于，只有行业和产业的发展才能产生对劳动力的需求，才能够使各类劳动力获得就业的机会。各类就业人员构成了劳动力供给方，行业和产业的发展构成了劳动力需求方，两方面通过劳动力市场进行交换，从而形成了社会的就业现状。因此，我们要对劳动力市场进行了解和分析。

1. 劳动力市场的含义

劳动力是个体作为一个劳动者所具备的劳动能力，是个体的体能、知识、技能、品德、性格、态度等多方面特性的综合。劳动力市场则是在符合相关法律要求的前提下，劳动力的提供者和需求者自由、自愿地对劳动力进行买卖，实现劳动力资源合理配置的机制。

劳动力市场是市场经济的重要组成部分，因此，和其他类型的市场一样，某类型劳动力的稀缺情况，也就是供求状况决定了某类型劳动力的价值。比如说，在改革开放之初，英语人才非常稀缺，而各行各业对精通英语人才的需求却十分旺盛，这就导致英语能力在市场上有很高的价值。改革开放三十多年以来，英语人才的培养呈几何倍数增加，掌握英语逐渐成为对每个大学毕业生的基本要求，在这种情况下，英语人才的市场价值就逐年降低。

2. 我国劳动力市场的现状与存在的问题

目前，我国劳动力市场上构成现实供给的主要有三部分：每年的新增劳动力、现有的下岗失业人员、农村的剩余劳动力。这几年，这三部分的总和每年都在 2 500 万人左右，其中大学毕业生和研究生 500 万人～600 万人、初中和高中毕业生 400 万人～500 万人、下岗失业人员将近 800 万人、农村转移劳动力 700 万人左右；每年新增劳动力大约1 000 万人。

劳动力需求方面，传统产业如农业、采掘业的就业人数大幅度下降，而第三产业的就业人数大幅度提高。改革开放以来，我国逐渐成为“世界工厂”，东南沿海地区制造业吸纳了大量农村转移劳动力，不过，由于国有制造业企业很多都破产或萎缩，又产生了很多劳动力供给。而服务业平均每年新增就业人口约 700 万人，服务业已成为国家吸纳就业的主渠道。

从劳动力结构来看，2016 年年末，全国就业人员中初中及以下受教育程度的劳动力为 79.4%、高中程度为 13.4%、高等教育程度仅为 7.2%。另外，我国的教育体制不能紧跟经济发展的需要，人才的技能培训远远落后于实际工作需要，高级技能人才是劳动力市场上最短缺的。因此，一方面是总体的供给大于需求，另一方面这些有限的需求也没有完全得到满足。“有人没活干和有活没人干的”的现象同时存在，这反映了就业的结构性矛盾突出，对我国的教育体制提出了挑战。

3. 影响劳动力市场发展变化的因素

能够对劳动力市场产生影响的因素很多，包括政策因素（如人口方面的政策、经济政策、户籍管理政策等）、教育及培训因素（如教育机构的数量、结构和水平）、科技的发展、经济全球化及经济形势等。

（1）政策因素。

人口政策是最重要的影响因素之一。经济政策和户籍管理政策也会直接对劳动力市场的供求产生影响。例如，1992 年海南开始建设中国最大的经济特区，吸引了全国成千上万的劳动者前往，经济政策对劳动力市场的影响可见一斑。

（2）教育及培训因素。

教育能够对劳动力市场产生重大影响。劳动力供给不仅体现在数量上，还体现在劳动者的素质上。一个国家和地区的教育及培训水平对劳动力市场的影响主要体现在改变劳动者的结构上。我国的北京、上海、西安、武汉等地由于有着众多的高校，能够培养大量高知识、高技能的劳动者，使得这些城市发展知识型经济成为可能。根据目前的经济形势和未来的趋势，我国应该大力发展职业教育，通过良好的职业技能培训，提高劳动者的知识、能力素质，改变劳动力供给的结构。

但是，教育及培训并非一定能够有助于劳动力供给结构的改善。如果不考虑现实的需要，一味增加某类技能人才的培养，则无助于劳动力市场的发展。这几年来，由于法律、财会行业发展迅猛，有很大的人才需求，所以很多高校一拥而上，纷纷开设法律、财会、国际金融、国际贸易等专业，结果造成这些专业的人才过量，人为造成结构性失业。

（3）科技的发展。

毫无疑问，科技业深刻地影响了劳动力市场。例如，互联网的出现，给传统行业带来了巨大生存危机，却也提供了对于网络人才的大量需求；农业机械化、自动化的发展，将农民从束缚他们的土地上解放出来，成为城市劳动力市场上的重要组成部分。再如，科技的发展使寻呼业迅速蓬勃发展又迅速凋零；数码照相技术已经全面取代胶片照相，原有的感光材料行业面临自诞生以来最大的挑战，这对于整个行业的从业人员来说都不是一个好消息。我们的邻国印度，软件业和相关的服务业已成为国家的支柱产业之一，吸纳了大量高层次的劳动力，这不能不说是科技带来的影响。

科技对劳动力市场的影响还体现在就业服务上。互联网目前已经成为求职就业最重要的信息途径，智联招聘、中华英才网等企业的良好发展显示，使用先进的科技来为劳动力市场服务已经成为一个产业。此外，视频会议使得招聘、应聘双方可以在异地进行面试；职业选拔人员可以使用计算机系统来测评和匹配求职者与雇主；很多国家都开发出基于计算机和网络的职业了解与选择辅助系统，能够对各个行业和各个职位进行准确、全面和动态的描述。

（4）经济形势。

短期内对劳动力市场影响最大的因素是经济形势。经济繁荣则失业率低，劳动力需求旺盛，劳动力价格也相对较高；经济萧条则失业率高，社会上有大量无业、失业人员，劳动力供给过剩，劳动力价格低廉。另外，产业升级或者支柱产业转型也会给劳动力市场带来结构性的改变。例如，随着资源的逐渐枯竭，原有的钢铁、煤炭产业慢慢萎缩，“释放”出越来越多的下岗失业人员，劳动力市场发生了深刻的变化。

课外拓展

撰写用人单位需求调研报告

根据自己所在地区的人才市场招聘展开调研，并撰写一份招聘单位用人需求调研报告。

思考题

1. 职业组织有哪些类型？
2. 职场环境对工作的影响？
3. 组织文化的不同特征。
4. 当前劳动力市场有哪些特点？

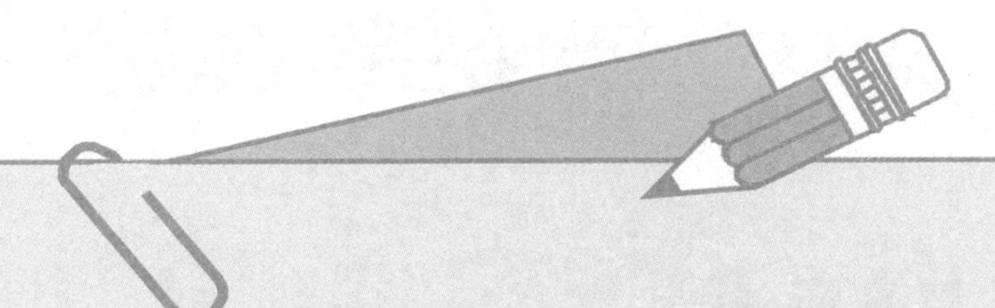

择业求职篇

- 主题七　择业
- 主题八　求职

主题七　择　业

重要知识点

1. 科学的择业观。
2. 正确认识当前的就业形势。
3. 做好“职业人”的准备。

走好择业第一步

何晓华是广州一家职业技术学校汽车维修专业的毕业生。在校学习期间，他刻苦读书、潜心钻研，顺利地拿到了“汽车维修工技师证”和“汽车维修工上岗证”两个证书。在找工作时，何晓华收到了好几家公司的录用通知书。经过再三考虑，何晓华放弃了在广州两家大维修厂工作的机会，选择了在珠海市海天汽车有限公司开始自己的职业生涯。何晓华想，虽然珠海市的这家汽车公司与广州的那两家公司相比，在规模、名气、工资上都存在一定差距，但是这家公司十分重视对员工的培养，而且发展迅速。虽然前 3 个月试用期的工资只有 700 元，但何晓华并不为自己的选择感到后悔。现在，刚出校园不到半年的何晓华已经掌握了丰田、大众、马自达和金杯等好几种品牌车型的修理技术了。对于未来的职业前景，何晓华满怀乐观。

[小提示]

就业观是人们在就业方面的根本性的观念，它对人们的就业选择、从业行为具有导向和动力作用，对人们的职业生涯发展有着决定性的影响。树立正确的就业观，有助于我们理性地规划自身未来的发展，并努力在学习过程中自觉地提高从业能力和职业生涯管理能力。

对于中职生来说，无论是在校学习期间，还是将来毕业走上社会后，职业生涯的规划和发展都伴随我们共同成长。个人职业生涯的发展是一个连续、不间断的积累过程，并且呈螺旋式上升的状态。这就是说，一个人的职业生涯发展能否成功，不仅取决于某一个时间或某一个时段我们做了什么，而且取决于我们在整个职业生涯发展中的表现。

一、就业观

人生的道路虽然漫长，但紧要处常常只有几步。踏入职业学校之时，我们就开始迈出职业生涯发展的“紧要一步”，走向新的人生旅程！在这一旅程中，正确的就业观如同一盏明灯，指引着职业生涯发展的方向。

一些同学可能认为职业生涯的发展是从第一份工作开始的，其实不然，我们在学校中的学习和生活就已经开始了职业生涯发展的准备。这一阶段的主要任务是不断地汲取知识，培养自己各方面的能力，为将来步入职场打好基础，做好准备。

正确的就业观是成功就业的前提。那么，当代中职生应当树立什么样的就业观呢?

(1) 树立“先就业再择业”的思想，打破一步到位、一次选择定终身的观念。我们要转变思想观念，把职业视作基本的谋生手段，不要对第一份工作过于挑剔，只要职业合适，并能实现自己的价值，为社会发出一份光和热，行业、体制、区域都可以跨越。我们在做第一份工作的过程中，可以通过工作实践和岗位培训等方面提高自己，为日后的进一步发展和再一次的择业打好基础。

(2) 树立竞争就业的思想，不断充实和提升自己。当前，人才的竞争更加激烈。对此，我们要知道“上岗凭本事，提拔靠贡献”的道理，树立竞争就业的思想，不断学习新的知识与技能，不断提高自身的素质，把自己培养成为适应社会需要的优秀人才。

(3) 树立自主就业的思想，在就业过程中发挥自己的创造性。就业时，我们不能只依赖学校“分配工作”和家长“有路子找工作”，而应自己到就业市场去观察、去体验、去实践。我们还应具有自主创业的精神，在有了一定的条件、经验、人脉等资源的积累后，开创自己的事业，寻求职业生涯的大发展。

小案例

发挥自主性，开创新天地

刘江峰在职业学校学的是果林专业，因成绩优异，毕业后被学校推荐到省农科院工作。随着改革开放的深入和社会主义新农村的建设，一批有知识、懂技术、会管理的青年回到农村实现了自己的职业理想。刘江峰结合自己的实际情况，辞掉了让许多人羡慕的稳定工作，回到了家乡刘各庄村。他暗下决心，要把学的专业知识奉献给家乡。

第二年一开春，他筹集了资金，承包了村东的120亩果园。在刚开始的几年，刘江峰的果园先后遇到了病虫害、资金短缺及果园管理难度大等问题。但刘江峰没有放弃，通过各种途径，使得120亩果园焕发出了勃勃生机。

刘江峰以前虽然工作稳定、待遇不错，但他并不满足于现状，而是充分发挥自主性和创造性，选择了能够发挥自己专业优势的创业之路——自己承包果园。这一决定不但给刘江峰带来了丰厚的经济收入，使他的职业生涯道路越走越宽，而且带动了周边的乡亲致富。

[思考]

刘江峰放弃了令人羡慕的工作而选择回到家乡承包果园，你怎么看待他的选择？

二、就业形势

从我国的就业形势和当前中职生的实际情况来分析，要较好地解决目前的就业问题，固然需要党和政府为中职生就业创造良好的条件和环境，更需要同学们树立正确的择业观和创业观。

1. 正确认识当前我国的就业形势

近年来，随着我国经济快速发展，就业再就业工作也取得了明显成效，但是形势依然较为严峻。当前我国就业压力较大，造成这种局面的原因是多方面的。

当前我国的就业形势主要有以下三个特征：

(1) 就业压力大。

我国人口基数较大，需要就业的人员多，就业高峰持续时间长。近几年，随着高校招生规模的扩大，高等教育已步入大众化，中职生的就业高峰与全社会的就业高峰重叠，中职生就业压力也开始凸显出来。

(2) 就业机制有待完善。

一方面，旧的计划经济体制的影响仍然存在并在一定范围内发生作用，用人机制还不健全，仍然存在很大程度上的计划安置，人才流动机制还有待完善。另一方面，劳动力市场发育不完善，劳动力要素的配置还未完全优化。

(3) 就业观念有待更新。

当前在就业问题上，许多人的就业观念滞后，缺乏主动择业创业的积极性，“等”“靠”“要”的思想仍然存在，而且不从自身条件和现实环境出发，就业期望值很高，这些方面都对中职生就业产生了不利的影响。从实际情况来看，目前我国的就业形势是不少就业岗位并非人满为患，既存在着“人找岗位”的现象，也存在着“岗位找人”的现象。当前，比较突出的是结构性失业和摩擦性失业，也存在发展性失业和周期性失业。

近年来，人们对中职生的就业情况越来越关注，高校毕业生就业形势依然严峻。面对当前我国的就业形势，中职生应做好以下三个方面的准备：

1）要具有明确的生涯概念。人生职业目的要明确，做好充分的就业准备。现在有许多中职生的就业准备不足，生涯概念模糊，人生的职业目的不明确。调查显示，50%的中职生没有“生涯”概念，即明确的职业目的，不知道自己的优势和劣势，对自己适合做什么、不适合做什么缺乏了解，到了大学毕业才“临时报佛脚”，这必然会使一大批学生对就业思想准备不足。

2）要具有合理的知识结构，能够适应多种工作的需要。据有关调查研究表明，中职生所谓的“就业难”不完全是供给大于需求，在某种程度上，是就业结构性矛盾突出与中职生所学的知识相对陈旧，其应用价值转化率低造成的一种阶段性社会现象。在就业结构性矛盾方面，主要有两个问题：一是高校专业设置与快速变化的市场需求错位。中职生就业与产业结构的调整及地区经济发展的周期有较大的关联。调查中发现，产业结构调整的后面带来的是职业、职位、岗位的变化。二是人才结构失衡，供求矛盾加大。根据近年来的人才市场需求供给情况反映，各技术等级的劳动力呈现供不应求的局面。以机械加工为主的技术、技能型人才短缺，致使出现了部分工科类中职生在校期间，又到劳动部门开设的技工培训学校学习并拿到技能等级证书的现象。此外，所学知识相对陈旧，其应用价值转化率低。据被调查的60%的企业反映，应届生到岗工作，学什么专业干什么工作，实际知识应用率不到40%，而且多数学生表现出所学过的知识转化不出来，不能变成自己在岗的实际能力。

3）要自觉增强独立生活能力，树立适应时代发展的就业理念。今天部分中职生表现出“五靠”：考大学靠压（家长监督学习）；报志愿靠拍（家长定）；上大学靠供（家长投资）；找工作靠关系（家长运作）；选择职业靠感觉（没有科学的分析，家长凭经验指导）。中职生完全独立按照自己的意愿选专业、定职业、找工作的，在被调查的群体中只占40%。这种长期以来养成的依赖性，严重影响了中职生的就业意向成交率。

中职生是我国经济发展、社会进步的重要人才资源。在发达国家，中职生占从业人员的37%～40%，而我国仅占5%。合理配置、有效开发包括中职生在内的人才资源，是我国实施人才强国战略的重要工作。同时，中职生应该在大学期间，在即将进入社会工作之前，积极地通过培训、咨询和测试来提高上岗前的职业能力；扬长避短，百折不挠，勇敢地让社会挑选，努力地参加竞争，全面地锻炼自己，以便更好地适应社会和工作岗位的需求。

在不同的就业形势下，应当树立不同的择业观。职业院校学生应该在认清就业形势的基础上，从个人实际、社会需求和长远发展入手，树立正确的择业观。只有这样才能顺应经济社会的发展，实现自己的职业理想。

第一，社会就业形势严峻。改革开放30多年来，我国的经济快速发展，在工业化、城市化、市场化、国际化的进程中，涌现出大量企业，为劳动者提供了一定的就业机会，然而与迅猛增长的劳动力供给量相比，就业岗位的增加依然显得“步履沉重”。据有关部门统计，在现有的经济格局下，每年新增的就业岗位仅为1 000万个左右，而我国新增加的劳动力，加上现存的下岗失业人员，每年城镇需要就业的劳动力将达到 2 400 万人，供求之间存在着巨大的差距。

第二，技能型人才抢手。技能型人才是我国经济快速发展的顶梁柱，为我国实现现代化做出了突出的贡献。与此同时，技能型人才占就业人数的比例也在日益上升。国家更是出台了一系列政策，大力发展职业教育。只要我们努力学好专业、学好技术，未来的职业发展前景会更广阔!

第三，各地区就业形势差异大。一个地区的就业形势往往与当地的经济发展水平相联系，一般来说，经济发达地区开放程度比较高，市场化和国际化运作相对正规，所以能为劳动者提供的就业岗位的数量比较多。而我国幅员辽阔，各地区的经济发展水平存在着很大的差异，因此各地的就业形势也就有所不同。总的来说，我国东部沿海地区的就业形势好于西部内陆地区；开放程度较高地区的就业形势好于开放程度较低的地区。

2. 树立正确的择业观

职业选择是青年人进入社会阶层、成为社会成员的选择，也是实现个人人生理想的基本环节。中职生要以社会需求为基点确立择业目标，正确评价自我，走出择业误区。

树立正确的择业观应遵循以下原则：

(1) 社会需要原则。作为单个人，在社会历史过程中，不可能绝对自由地实现自己的意向和愿望。这是因为，每个人的意愿不仅取决于个人本身，更主要的是取决于他们所处的社会生活条件。个人与社会相互依存，个人作为社会的一个成员，有其个人的需要；社会作为无数个人的集合体，也有社会的需要。所谓社会需要，广义地讲就是社会生存和发展的需要，如共存需要、储备需要、信息需要、生产需要、发展需要等。其中，生产需要最为重要，贯穿在各种社会需要之中。个人对职业的选择不可能脱离社会需要这个现实。显然，我们不能选择那些社会不需要或目前不存在的职业。择业者要从大局出发，服从国家需要，这是职业选择的第一原则，也是职业指导的任务之一。

(2) 发挥特长原则。所谓特长，是指一个人区别于他人的特殊才能。一个人的特长是实现自身价值的资本，也是为社会做贡献的前提。发挥特长原则与社会需要原则并不矛盾，越是社会需要的岗位，越能为发挥个人特长提供条件和机会。特长最能反映一个人的职业能力，发挥特长是满足社会需要、为社会做贡献的最有效途径。

(3) 可行性原则。选择职业仅考虑社会需要和发挥个人特长还不够，因为既符合社会需要又能发挥个人特长的职业并不表明个人就能从事和胜任该职业。从事职业和胜任职业还受到许多其他主客观因素的影响，如就业政策、职业岗位、竞争程度、地理环境、职业信息、个人的生理条件、信念与毅力等。在现实生活中，人们面对诸多职业却不能实现自己的职业愿望，最直接的原因大致有三个方面：一是职业期望值过高；二是对就业环境缺乏全面了解；三是个人的择业素质不足。

小案例

小辉的困惑

最近，某职业学校商务管理专业学生小辉心情很复杂。他在校期间学习成绩很好，对专业技能的掌握也很到位，但让他烦恼的是，从开始找工作到现在，他投了几十份简历，跑了六七场招聘会，每次都未能如愿以偿，要么觉得公司待遇不够理想，要么觉得公司规模不大，发展前景不广阔。好不容易找到一个满意的岗位，公司又认为他学历不够高，将他拒之门外。眼看就要毕业了，他还是没有找到满意的工作。

[思考]

为什么小辉没能顺利地找到满意的工作?

三、务实择业

在择业的过程中，抱有务实的择业观念是顺利就业的关键。这不仅关系到能否顺利就业，也关系到今后的职业发展。在择业过程中，要把握以下几点。

1. 立足个人实际

在选择岗位时最基本的一点是要立足个人实际。别人眼中的“好单位”“好工作”，不一定是对自己的发展最有利的岗位。因此，在选择岗位时，要注意结合自己的性格、兴趣、爱好和优势，选择最适合自己的岗位。只有最适合自己的岗位，才能最大限度地发挥自己的潜能，才能使自己的职业生涯之路越走越顺。

小知识

如何知道自己适合哪类工作?

职业院校学生如何能正确认识自己，找到适合自己的工作呢？专家建议可采取以下方法：

(1) 听取老师、家长和朋友的建议。俗话说，人贵有自知之明。人们有时对自己的认识不太清楚、不太准确，而自己身边的人则往往较容易发现自己的优势和特点。因此，听取老师、家长和朋友对自己的建议、看法和评价是认识自己的一个好途径。

(2) 寻求学校就业指导机构的帮助。学校就业指导机构有老师从事专门的职业指导工作，他们运用心理学或社会学的相关知识，对前来咨询者进行深入了解，在这一基础上，对咨询者的职业心理特征做出判断、给出建议。学校的就业指导机构也可提供对学生职业心理进行测试的量表，对同学们了解自己适合哪类工作很有帮助。

(3) 进行自我测试。通过上网或是购买职业心理类读物，可以对自己的职业适应性进行测试，从而发现自己适合哪类工作。这种测试包括正式测试和非正式测试。正式测试如职业能力测试、性格倾向测试等，其结果可信度比较高；非正式测试则通常是一些内容灵活、有趣的测试，如网络上流行的对血型与职业关系的测试，这种非正式测试也有一定的参考价值。

就业后的迷茫

王路在校期间曾任校学生会主席，他品学兼优，处事老练，在同学中威信颇高。毕业时，经过深思熟虑之后，他依照自己的特点，认为政府机关比较适合自己的发展，遂义无反顾地报名参加了本省政府机关公务员考试。因王路基本功扎实，再加上准备充分，考试几乎没有遇到多少困难，便得以如愿以偿。7 月初王路告别母校，兴高采烈地去新单位报到，他坚信，凭自己的智力和才能，只要工作认真努力，不怕吃苦，想必无需多久，就能在机关里崭露头角，体现自己的价值。没想到，头两个月的工作竟是如此的无聊，无聊到他每天可以喝两壶开水，看八份报纸。由于需要他的处室当时还没成立，他被暂时挂在人事处，就像一个被遗忘的人，没有人叫他干什么，更没有人教他干什么，除了每天擦擦桌子、扫扫地外，似乎所有的工作就只剩下看看天上的云彩了。这时，他实实在在地感到了惆怅、失落和迷茫。

另一位青年朋友也有着类似于王路的这种感受，他这样说："大学毕业的头两年，似乎是我人生中最痛苦、最茫然的一个时期。"

[思考]

王路应如何走出迷茫期？

2. 立足社会需要

职业能够存在，是因为社会上存在对这种职业的需求。社会需求下降，就会出现用人单位裁员的行为。我们在选择就业岗位时，不能只根据"工作是否体面、待遇高不高"等标准，对个人得失考虑过多，而应当立足社会的需要，到社会最需要我们的地方去发挥聪明才智，在奉献中实现自身的价值。其实，对职业院校学生来说，做社会需要的工作，坚持做下去，并用心思考，成为行家里手，就有可能在某种职业岗位及相关职业岗位上取得成功。

小案例

王晓丹的新职业

王晓丹从事的是幼教工作，一次偶然的机会，她发现社会上对“育婴师”的需求很大，于是她决定考取育婴师职业资格证书，加入这一行业中。

在学习期间，王晓丹学习了关于婴儿喂养、清洁、健康、游戏等方面的课程，对婴儿各阶段的特点有了更多的了解。她在实践教学中感受到了育婴师的不易与乐趣，尤其在训练婴幼儿对音乐的敏感性方面，她学到了很多的方法。培训结束后，王晓丹考取了国家颁发的育婴师职业资格证书，正式开始育婴师的工作。王晓丹刚开始工作时，每周只有一两个人咨询、预约，到现在几乎每天都有人打电话请王晓丹去照顾他们的婴儿。王晓丹的工作越来越忙碌，不仅获得了丰厚的经济收入，也从中收获了他人对自己的认可。作为一名育婴师，王晓丹感到非常自豪。

[思考]

读了这个故事，你对“立足社会需要”这一择业观有什么样的理解？

3. 立足长远发展

在选择就业岗位时，要目光长远。不能只计较眼前的利益，而要考虑到每个岗位今后都可能发生变化，有的岗位现在“差”些，不等于这个岗位会永远“差”下去。一些人们都说“不好”的职业，未来可能会有较大的发展空间。只要能够在岗位上发挥自己的优势和潜能，有机会学到新的东西，不愁明天没有成功的机会。

课堂讨论

扎扎实实走向明天

张云飞与王力强同在江苏某职业学校计算机应用专业学习，两人都很聪明，也很努力，在学校技能大赛的网页设计专场赛中，他们都获得了优胜奖。进入三年级，张云飞因为要“看优秀界面”和“练反应速度”而在电脑游戏上花了不少时间，到了下半学期又忙着与同学、老乡聚会，感受毕业前夕的友谊。而踏实的王力强在三年级实习期间，在公司努力做事，主动向师傅请教各种专业问题和职场知识，下班后经常看报纸、上招聘网，周末去招聘会，还不时找班主任、已毕业的师兄、已工作的亲友聊聊天，了解了很多职业信息，制订了求职计划。毕业前夕，王力强对收集到的招聘信息进行整理，进一步分析自己的优势与不足，把精心制作的求职简历投向了几个目标单位。

随着毕业日期的临近，王力强顺利与家之友电子商务公司签订了就业合同。而张云飞此时才开始仓促地找工作。

[讨论]

张云飞与王力强的案例对你有什么启示？

四、做好“职业人”的准备

从职业学校毕业后，我们中的大部分人都会步入职场，开始新的生活。职场是我们发展与获取成功体验的重要场所。但学校与职场在活动内容、行为方式、人际氛围等方面有很多不同，可能导致一些毕业生在短时间内难以适应新的环境，甚至影响了职业生涯的顺利发展。能否顺利地完成从“学校人”到“职业人”的转变，对每一个职业院校学生能否迈好职业生涯的第一步都非常重要。

1. 希望成为成功的“职业人”

“职业人”是指有职业的人或是从事职业活动的人，也可以说是职业活动领域中的人。职业人是作为职业活动的主体和基础要素而存在的人，他处于职场中，与职业岗位相联系，通过自己具备的职业知识和职业技能，完成相应的工作职责，并获得一定的经济报酬。此外，职业人还应具有职业精神。行有行规，职业人从事哪一种职业，就应遵守哪一种职业的基本准则和约定俗成的规则。

从职业人的含义上我们可以看到，职业人角色和学生角色之间存在着很大差异。我们步入工作领域，需要及时从学生角色转换到职业人角色，只有角色转换成功，才能尽快适应社会、融入社会，否则必然在社会中碰壁。

小玫的职场经历

小玫从职业学校毕业后，进入一家知名的外企工作，薪酬高，但工作压力也大。开始工作的几个月里，她一直无法适应，有时也受到一些批评。有一次，小玫正准备下班，经理却让她起草一份文案，要求在第二天上午9点之前完成。在这之前，因为公司的紧急业务，小玫已经连续一周加班到夜里十一二点，而这个工作任务意味着她又得加班。尽管十分疲劳，但她还是答应了下来。

做工作，总是会有收获的。小玫的工作能力不断提高，其敬业精神和工作业绩逐渐得到了领导和同事的好评。一年后，她被评选为“十佳员工”。在总结自己的工作经验时，小玫说：领导没有义务原谅员工的过失，我们能做的就是拼尽全力，把工作做到最好。不管遇到什么困难，都要想办法克服它。做错之后马上就改，不断总结经验教训，才能在工作中迅速成长，成为真正的职业人！

[思考]

小玫的成长经历对你有哪些启发？她在哪些方面体现了职业人的特点？

我们接受职业教育，是为了毕业时成为具有良好素质的职业人后备军。职业学校的教育，为我们提供了丰富多彩的职业课程，老师们对我们的循循善诱，已毕业的师兄师姐的成功事例，都有助于我们更全面、深入地理解职业人的工作与生活，有助于我们更好地把自己塑造成职业人。

要想将自己塑造成为成功的“职业人”，就要做到德艺双修。

(1) 要具备优良的道德品质，也就是要学会做人，在日常生活中严于律己、宽以待人、诚实守信；在工作中认真负责、爱岗敬业。

(2) 要具备高超的技艺。掌握一门精湛的技术有利于我们个人职业生涯的发展，若没有高超的技术，就会失去优势，缺乏竞争力。

在日常生活中，无论是文化课学习、专业课实训还是社会实践活动，职业院校学生都要把自己当做“职业人”来对待，做到“敬业为德，学艺求精”。日积月累，习惯成自然，“职业人”的角色便会逐渐内化于我们的心灵之中。这样，当我们真正成为职业人、从事职业工作的时候，就能应对自如，从容不迫。

小案例

三年努力终成茶艺师

小陈进了职业学校后，一直希望成为一名茶艺师。进校不久，小陈就主动向学校开设茶艺课的宋老师请教，了解有关茶艺的知识。而后，小陈选择了学校开设的茶艺课，在课堂上她学习非常认真，在课外更是勤加练习。每当宋老师在校外做茶艺表演时，小陈总会找机会去观摩、学习。小陈在苦练茶艺技能的同时，也没有忘记修身养性。她在平时的生活和学习中，总是严格要求自己，真诚待人，与人为善，主动帮助同学解决学习和生活中的困难。

随着时间的推移，小陈不仅茶艺技能越来越熟练，掌握的茶文化知识越来越丰富，而且也越来越受到老师和同学的欢迎与喜爱。临近毕业，一位曾经看过小陈茶艺表演的茶社老板找到小陈，聘请她成为该茶社的茶艺师，小陈终于实现了自己的职业理想。

[思考]

小陈成为茶艺师的经历对你有哪些启发？

2. 做好适应社会、融入社会的准备

适应社会、融入社会的能力是我们在社会中生存所必须具备的基本能力，也是我们职业生涯顺利发展的前提。如果缺乏这种能力，即使在其他方面具有再优秀的技能，也会遭到社会和职场的排斥，从而无法在社会中获得自身发展所需要的资源，更无法获得施展抱负的空间。“学校人”之间的人际关系简单，以完成学习任务为主，虽然在一个班集体、校集体中生活，但学习活动主要由个人完成；而“职业人”之间的关系复杂、任务多样，以完成职业任务为主。职业任务的完成不能只靠个人行为，而要靠大家的合力。现代企业均重视团队精神，重视员工之间的合作。所以，在校期间，我们就应积极参加各项活动，有意识地培养集体主义精神，在实践中树立团队合作意识，在团队中明确自己的位置，处理好团队成员间的关系。

没有规矩，不成方圆。社会生活总是在一定的规范下运行，是不以人的意志为转移的。进入社会，就需要遵守社会的规范；进入组织，就需要遵守组织的各项规章制度。只有在心理上真正认同了社会生活和组织生活的规范，并养成遵守各种规范的习惯，才能很好地适应职场环境，融入职场生活。一般来说，组织中的规范主要是指组织中的各项规章制度，如员工守则、考勤制度、报销制度等。作为职场新人，在日常工作中要认真学习各项规范，并严格执行。

在工作中，与上级、同事或下级保持和谐、良好保持和谐的工作关系的工作关系非常重要。良好的工作关系能给我们营造一个愉快的工作氛围，能让我们的工作和生活都变得更简单、更有效率，在遇到困难时能够得到周围同事的帮助；而同事关系不融洽则容易产生误解、麻烦甚至纠纷。所以，我们要想在职场上有所成就，就要做到以和为贵，要学会尊重他人，尽量避免与同事发生冲突。

经过一段时间的职业生活，我们会对职业生活有较多的了解和重新认识。在此基础上，我们要及时进行总结和反思，找出自己的行为与工作要求之间的差距，并采取措施，不断地调整自己的行为，使之符合工作的要求。其中最好的方法是制订一个明确的弥补差距的计划，不断地提醒自己要严格按计划调整自己的行为，直到成为自觉行为。在这个过程中，他人的反馈和评估可以帮助自己更好地进行调整。

课外拓展

做好职业决策

职业生涯决策不仅仅是一个即时的职业选择行为，而是一个决策过程，包括了初步确定可能的职业生涯道路，搜索职业生涯信息，比较各种可能选择的职业生涯道路，到最终选择一条适合自己的职业生涯道路的决策的整个过程。职业生涯决策是一个非常复杂的过

程，不仅要求人与环境相适合，即个人的人格特征、职业兴趣、价值观等与工作环境相适合，而且还受所学专业、学校、就业机会、职业信息获取途径、工作要求的培训时间、工作环境、独立程度、收入、人际关系等因素影响。

职业决策平衡单是确定职业生涯目标的有效方法，可以帮助我们分析每一个可能的职业方案，将自己作出选择时需要考虑的项目列举出来，以加权计分的方法来权衡执行各选项的利弊得失，排定选项的优先顺序，最后执行最优先的选项。深入思考后，认真填写以下职业生涯决策平衡单，见表 7－1。

表 7－1 职业生涯决策平衡单

职业决策考虑的要素	重要性的权数（1～5）	第一职业方案		第二职业方案		第三职业方案	
		得（＋）	失（－）	得（＋）	失（－）	得（＋）	失（－）
1. 适合自己的能力							
2. 适合自己的兴趣							
3. 适合自己的性格							
4. 符合自己的理想生活状态							
5. 符合自己的经济报酬期望							
6. 符合自己的职业发展要求							
合计							
结论							

具体方法如下：

1. 先写下个人的职业发展方向。

2. 根据职业决策考虑要素与自己情况是否适合及适合程度给每个选项（职业方案）评分，评分范围为 1～5 分，适合的或具有优势的得分（＋），适合程度越高，分值越高；不适合或劣势的失分（－），程度越高，分值越低。每一项只能选择其一。

3. 计分。将每一项得分或失分加总，分值高者排序在先，说明此职业更适合你。

思考题

1. 中职生应该树立怎样的就业观？
2. 如何树立正确的择业观？
3. 简述我国当前的就业形势。

主题八 求 职

1. 职业信息的重要性。
2. 学会制作求职简历。
3. 掌握求职的基本方法。

案例引导

应聘不慎遇陷阱

20××年7月初，某省会城市的两家媒体分别刊登了一则内容相同的广告：某外资五金塑料有限公司驻该市办事处计划在该市四家大商场开设专柜，经营高级工艺品，招聘管理人员和售货人员若干，薪金及待遇优厚，并在上岗之前进行专业培训。

该外资企业注册资金雄厚，信誉度高，在我国较有名气。该公司当地办事处经理陈某在临时租用的某大厦会议室，给应聘者上了第一节培训课。这节培训课让众多应聘者大开眼界，心生敬意。课后陈某当场通知取得应聘资格的60人（大部分是应届大学毕业生），第二天去某度假村进行体能测试和专业仪器操作训练，并要求每人交报名费、押金及服装费700元。次日，60位应聘者来到集合地点准备去度假村。陈某说，野外训练不便携带东西，要求应聘者把身上所有的现金、物品交公司统一保管，训练结束后返还。随后，陈某让租来的两辆大客车拉上应聘者开往度假村，自己却溜之大吉。这60位应聘者被骗走的财物价值达6万余元。

这60位应聘者大部分都受过高等教育，为什么会落入陷阱？原因其实很简单：骗子的狡猾和被骗者的麻痹。陈某骗术高超，但他的伎俩也并非十分高明和无懈可击。这些应聘的学生们从一开始就被假象蒙蔽了，认为该外资企业是大公司，其办事处在高档大厦有办公地点，培训也十分正规，就完全放松了警惕。其实如果他们中任何一人稍加留心，拨打该公司宣传单上的查询电话了解一下，就会知道该公司根本没有在当地设立办事处，骗局就会被揭穿，然而遗憾的是60人中竟无一人有这种警惕性。

[小提示]

毕业生一定要在求职应聘时做好足够的心理防范准备。要注意做到三点：一要戒贪心，不要让“高薪”蒙了自己的双眼；二要戒心急，要仔细考虑各种收费是否合理；三要做有心人，利用多种方式了解就业市场中种种不规范行为，提高警惕，遇事能够理智分析，做出正确判断。

职业信息的数量和质量对于中职生就业有非常重要的意义。“天下三百六十行，总有一行适合你”，可是怎么知道哪一行适合自己呢？有很多学生对于将来从事什么职业感到很迷茫，原因就在于他们对于职业毫无概念。因此，我们需要了解一些有关职业的基本信息。

一、职业信息的内容

1. 工作内容

在进入某个职位后，我该做什么、怎么做、做到什么程度，这些都是需要明确知道的。职位工作内容见表 8－1。

表 8－1　职位工作内容

工作对象			该职位工作的直接对象及为了完成岗位职责所需的其他活动对象
任务、责任			该职位工作需要做什么、达到什么状态
所用设备			该职位工作所借助的仪器、工具等
工作强度	工作时间	上下班	该职位工作的上下班时间
		加班	该职位工作平均每周需要加班的时间或频率
		节假日	该职位工作影响节假日休息的程度
		出差	该职位工作需要出差的频率和时间长度
		工作量	该职位工作任务的饱满程度

以某单位的信息技术主管为例，这个职位的主要任务包括以下四点：

（1）了解单位的业务需求，同时与信息技术的发展保持同步；

（2）了解硬件需求，在设备安装方面指导下属；

（3）与各部门经理召开会议，了解他们及其下属在软件解决设计方案方面的需求；

（4）为所有员工准备和进行信息技术培训。

小案例

小胡的求职之道

小胡要去外地公司实习，而此时正是用人单位发布就业信息、陆续来学校招聘的高峰期，如何才能保证在实习期中不错过招聘信息?

小胡首先去了班主任老师的办公室，谈了自己的求职想法，留下了自己的简历和联系方式。接着，他又走访了要好的低年级朋友，拜托他们留意学校就业信息，将有关重要信息及时告诉他。他还在学校就业网等网站上查询了有关政策和各地招聘会的情况，并做好记录。这样，小胡才安心到外地实习去了。同时，小胡还参加了实习所在地的人才交流会。

这样一来，小胡尽管人在外地实习，却比在学校的同学消息还灵通，选择的机会颇多，做到了实习、求职两不误。

启示：小胡显然在把握就业信息上处理得非常好，虽然求职关键时期人在外地实习，但他做好了充分的准备，使信息渠道畅通无阻，赢得了很多机会。毕业生应和学校多互动，常关注就业信息网站，充分利用各种资源。

2. 工作环境

工作环境包括物理环境和社会环境两部分，如表 8－2 所示。对于中职生而言，工作环境尤其是社会环境的好坏，直接影响去留。社会环境包括人际关系、工作气氛、学习氛围及上级的管理方式与风格等。

表 8－2　　工作环境内容

	具体内容
工作设施	该职位工作场所的办公设备、办公用品、设施等
工作空间	该职位工作场所的照明、空气、温度及户外作业所占的时间比例等
人际关系	该职位工作场所的人际氛围、同事间的关系等
工作氛围	该职位工作场所员工的工作积极性、主动性、配合度等
学习氛围	该职位工作场所员工的学习主动性，谋求再培训、再发展的积极性
上级的管理方式与风格	该职位上级的领导风格、管理方式及严格程度等

3. 入职条件

不同的职位都有其特定的条件要求，一个职位所要求的条件，一般受以下三个方面因素的影响：

首先是教育程度，即从事该工作所必须具备的学历和专业水平。

其次是资格、水平及经验。有些职业除了要求正式的学位学历外，还要求具备一定的职业资格、获得能够证明专业水平的证书，或者具备一定的工作经验。

最后是性格和能力要求。不同的职位有不同的性格和能力方面的要求，这也是中职生在选择职业和求职过程中需要参考的一个方面。

值得一提的是，聘用过程中专业技能可能更被看重，因为如果一个人连所从事领域的专门技能都不具备，无法胜任这份工作，那么落聘的可能性很大。随着工作的长期开展，个人的一般能力和内在素质将会起到举足轻重的作用。

4. 工作报酬

关注工作报酬无可厚非，不少学生由于不了解报酬体系的构成，使得自己的关注点往往仅限于薪酬，片面地将薪酬等同于报酬，等同于工作的全部回报，容易使得自己对关乎切身利益的因素做出片面的判断。因此，作为职位信息的一个重要组成部分，我们首先需要了解有关工作报酬的基本知识。

报酬是指员工用时间、劳动努力获得的一切回报，主要包括物质报酬和非物质报酬。就物质报酬而言，所含内容如表 8-3 所示。

表 8-3 物质报酬内容

组成方式	具体内容
工资	基本工资、计时工资、计件工资、职务工资
奖金	超时奖、绩效奖、建议奖、特殊贡献奖、佣金、红利、职务奖、节约奖等
津贴	住房津贴等
个人福利	养老金、储蓄、辞退金、交通费、工作午餐等
社会福利	医疗保险、失业保险、养老保险、伤残保险、生育保险等
有偿假期	培训、病假、事假、公休、节假日、工作间休息、旅游等

非物质报酬包括乐趣、自信和成就感等内容。现代人越来越重视非物质报酬。如果有一份薪酬不高但成就感强的工作和另一份薪酬丰厚但缺乏挑战的工作摆在眼前任你挑选，你会选择哪一个？对于不同的职业价值选项，你愿意出的最高价格分别是多少？仔细思考一下，这代表了你的职业价值观——你真正想从工作中得到什么。如果你想要的是成就感，那么在进行工作选择的时候就要寻找一份有一定成长空间的职业，而不是盲目地随大流，用薪资报酬判断一切。

职业信息从获得方式来说，可以分为两大类：一类是间接信息，这些信息存在于各种媒体中，可以通过各种媒体来获得；另一类是直接信息，就是直接与该职业建立关系，亲身感受，获得第一手资料。

5. 职业信息的获取

职业信息是对与职业和就业有关的所有信息的统称，完整的职业信息包括职业资源信息、职业新闻信息、职业政策信息、职业测评信息等。职业信息是职业选择的基本前提，是就业决策的重要依据，更是顺利就业的可靠保证。获取职业信息，不仅对毕业生寻找工作机会、选择职业岗位具有重要意义，而且可以提前了解职业信息，有利于提早规划职业生涯，尽快走上正确的职业发展轨道。

职业信息的内容可以从宏观和微观两个方面进行分类。宏观方面主要是指有关就业的背景资料、职业政策、就业形式等能够影响职业与就业选择的一些大的背景信息。微观方面一般指具体的岗位信息、考试信息。岗位信息包括招聘单位的情况，如单位的经营范围、管理规模、人事制度、在同行中的竞争力情况等，以及应聘该岗位的要求，如具体岗位的性质、任务、工作环境、条件及对应聘人选的技能要求。考试信息包括国家机关公务员招考信息和各省市针对本地生源招考公务员和事业单位人员的信息，各类大专院校、科研院所招收研究生的信息，出国留学考试的信息等。

职业信息获取的渠道主要包括国家政府部门公告或相关机构网站、学校学院就业指导中心、人才市场、各种媒体、人际关系网络、社会实践实习过程等。即将毕业的学生应该通过上述主要方式，尽量获取有益的职业信息。此外，在校生也应该提前从这些渠道了解有关职业信息，以便早做准备，提前规划职业生涯。

职业信息的评估

当我们收集到有关职业的所有相关信息之后，怎样对这些信息进行评估？对职业信息的评估可以分为对客观信息的评估和对主观体验的评估两方面。我们在评估职业信息的时候要综合两方面的考虑，做出理性决策。

(1) 职位或职务，包括该职位的经常性任务、所需担负的责任、工作层次等。

(2) 工作地点，包括地理位置、环境状况、室内或户外、都市或乡村、工作地点的变化、安全性等。

(3) 升迁状况，包括工作的升迁路径、升迁速度、工作稳定性、工作保障等。

(4) 雇用条件，包括薪水、福利、进修机会、工作时间、休假情形及特殊雇用规定等。

(5) 雇用要求，包括所需的教育程度、专业认证、培训、经验、能力、人格特质、品德修养等。

6. 职业选择的标准

如何判断所寻找的职业信息呢？我们可以通过以下标准进行评估。

（1）信息的及时性。

21世纪信息变化速度之快常常超出人们的想象，在这样快速变化的世界中，我们所要寻找的有关职业的信息必须是最新的信息。当我们关注那些提供职业信息的网站时，一定要注意了解网站是否及时更新，还要关注各个行业部门的年度报告、政府的相关政策和法规。此外，电视和报纸新闻也是帮助我们获得适时性信息的重要途径。

（2）信息的客观性和全面性。

用人单位的招聘信息通常是用人单位自己拟订的，其中的信息常常对单位的优势强调比较多。因此，只看用人单位的广告是远远不够的。通过访谈从事某种职业的个人所获得的信息也通常带有比较浓的人为的色彩，可能会夸大该职业的有利方面而忽视不利的方面，或者相反。为克服这种认识上的偏见，最好访谈两个以上从事某种职业不同年限的人，对于他们所提供的各种信息进行综合判定。

为保证所获得信息的相对客观，应该注意多渠道、多途径收集信息，不仅通过招聘广告、访谈相关人员获取信息，还可以注意有关的报道及相应的研究。了解职业信息的时候，还要注意信息的不同方面，切忌只了解自己想知道的方面，而忽略了其他方面。比如，只了解某种职业薪水的高低和升迁的状况，而不了解该职业所要承担的责任、经常性的任务、工作环境及可能的生活方式。

（3）信息的准确性与可靠性。

判断信息的准确性与可靠性是一个非常艰巨的任务，或者说是不太容易完成的任务。准确的信息应该是全面、客观的信息，是适时的信息。同时，信息的发布要来自比较权威的机构。

（4）个人从工作中获得的满意感。

对于职业的评估，不仅要有许多客观的标准来衡量，也要考虑自己的一些主观标准，比如自己目前的状况、个人的主观感受等。

个体的目前状况，既包括个人的基本技能水平、学历层次、工作经验、各种能力素质程度等，也包括个人目前的工作和机会。每种工作都会有优点和缺点，对每个人来说也一定有其利弊。在职业的搜索中，我们需要理智地将自己和各种职业加以对比和分析，做出清醒的选择。因此，客观地衡量职业，就需要全面地看到它与个人目前状况的利弊关系。问一问自己：我的情况适不适合选择这个职业？目前的时机是否适合我选择这个职业？我的选择会给我带来什么？我的适应期限为多长时间是可以接受的？等等。

（5）他人的建议。

除了我们个人的特点和需求对职业的评估起作用之外，我们身边的重要他人也是我们衡量职业时不可忽视的标准。因为他们是你生活的重要组成部分，他们在你的生命中扮演着不可替代的角色。正因为这种重要，你的任何选择也必须包含对他们的考虑。因此，在评估一项职业时，你需要考虑你身边的重要他人会如何看待这个职业、这个职业会不会影响你与他们的相处时间或相互关系、这个职业会不会给他们的正常生活带来压力。对这些问题的充分思考将有力地降低你在未来职业中的焦虑。

二、掌握求职的方法

做事要讲究方法，掌握了行之有效的方法，就可以收到事半功倍的效果。求职也不例外，从开始求职到成功，每一步都有方法可循。信息是决策的重要依据，全面、准确的职业信息，能够确保我们做出正确的职业决策。如果求职者耳目闭塞、信息不灵，择业就如同盲人骑瞎马，很难找到理想的工作。因此，我们要重视信息的收集和整理。

收集职业信息的渠道主要包括：职业介绍机构，招聘洽谈会，报刊，网络，自己的观察，亲友、邻居、校友的介绍，以及学校就业指导部门。在收集信息后，我们还需要对信息进行分类整理，找出对我们有价值、可利用的信息，摈弃那些无用的、冗余的信息及错误的、虚假的信息。

张涛的求职捷径

张涛是某职业学校机械制造专业的学生，平时的学习成绩处于中等水平，这使得他常常为自己的前途感到担忧。为了使自己能顺利就业，张涛利用实习的机会，收集了大量机械制造行业的招聘信息，并主动与各单位用人部门的负责人接触，从中了解了用人部门的用人需求。最后，张涛选择了一家比较适合自己的公司去面试。由于张涛对该公司的用人要求了解得比较透彻，因此在面试时从众多的竞争者中脱颖而出，得到了自己想要的岗位。

[思考]

张涛获得此岗位的诀窍在哪里？

1. 职业信息包含的内容

职业信息主要包含以下内容：

（1）招聘单位的基本情况，包括招聘单位所属的行业、管理系统、业务范围和内容、所在地区、产权性质等。

（2）需求岗位的工作内容，包括上下级关系、工作职责、工作权限、考核方式、工作时间、工作场所、工作环境等。

(3) 招聘单位的薪酬待遇，包括工资、奖金、津贴、福利，以及医疗、养老保险等。

(4) 招聘条件，即招聘单位对求职者的具体要求，包括学历、专业、职业资格、能力，以及心理素质、身体素质要求等。

(5) 招聘数量与报名办法，包括用人单位有哪些岗位要招人，每种岗位招聘人员的数量，报名的时间、地点、方式，应准备哪些证件和材料等。

2. 求职途径因人而异

我们可以通过以下几种途径来了解求职信息：

(1) 学校推荐。职业学校设有专门为同学们提供就业指导的部门，负责毕业生的就业工作。就业指导部门的老师有比较丰富的就业指导知识，能够给我们提供针对性强、适配度高的职业信息。

(2) 实习就业。职业学校一般都会组织毕业班到一些单位去实习。在实习期，不少同学因为努力工作和认真学习，而被用人单位选中。在职业院校学生的就业中，这是一条“顺风直航”的就业途径。

(3) 参加招聘会。当前，现场招聘会较多，这也是我们求职的重要途径之一。我们除了参加学校组织的校园招聘会外，还可以根据自身情况，有选择地参加一些社会的招聘会。

(4) 网络求职。网上求职范围广，无区域和时间限制，快捷、高效、省时省力、费用低，种种优势使得网络求职越来越受到求职者和招聘单位的青睐。

3. 求职简历

简历是一种个人重要信息的汇集。我们在求职时用的简历，主要包括个人基本情况、学业情况、实习经历、专业特长和求职意向五部分内容。

(1) 个人基本情况：列出自己的姓名、年龄、性别、籍贯、政治面貌、学校和专业等基本信息，此外还有健康状况、爱好与兴趣、联系方式等。

(2) 学业情况：写明各阶段学习的起止时间，在职业学校所学主要课程及考核成绩，在班级所担任的职务，在校期间所获得的奖励和荣誉，考取的职业资格证书等。

(3) 实习经历：包括实习单位的名称、实习内容、实习的时间、从事工作的内容和性质等。

(4) 专业特长：写出专业学习中的亮点（如有哪些专业设计的成果）、专业比赛中的成绩（如获得某个竞赛项目的奖项）、实习中的亮点（如参与了哪些创造发明），以及与招聘岗位相关的个人特长。

(5) 求职意向：写明自己求职时希望得到什么样的工种或岗位，此外还可以写明自己的发展目标等。

如何撰写一份吸引人的简历？个人简历相当于一份推销自己的说明书。它不可能把求职者所有的信息和细节都告诉招聘者，但却应当引起招聘者的兴趣。具体来说，简历的撰写要注意以下几点：

(1) 要条理清楚。把自己的学习、实习与实践、获奖等情况进行全面的清理，并形成条目式的清单。

(2) 要有针对性。要针对自己选中的目标构思一份有针对性的简历。针对一个既定的明确目标写完简历后，要认真检查一番，看其是否真的适用于选定的目标。

(3) 要简洁精练。用最简洁、最准确、最客观、最有吸引力的文字对自己做一个客观而精彩的介绍，以便迅速抓住招聘者的“眼球”。

(4) 要突出重点。挑出适合目标单位和职位的最有说服力的成绩，并用适当的文字把它们表达出来。

(5) 要注意细节。撰写完简历后要重新检查一遍，调整简历的版面和篇幅，使它尽量简短而美观。

4. 优秀简历的特点

(1) 真实。真实是优秀简历首要且最基本的要求，即把个人的经历最真实地描述在简历上。记录各学习与工作阶段的时间要连贯，如有的毕业生是先工作再参加高考或有复读经历的，也需一一注明。工作业绩部分要实事求是、实实在在，真实的数据和证书最有说服力。这些虽然是很小的细节，但如不写或夸大，细心的招聘人员会发现其中的疏漏，以小见大，对整份简历的内容都会产生怀疑，就会因小失大。

(2) 全面。简历的内容要完整和全面，使素未谋面的招聘人员有个整体的印象。通常简历应包括姓名、年龄、性别、家庭住址及户口所在地、教育背景及学历、专业、外语、电脑水平、工作经历、培训经历、特长、业余爱好、简单的自我评价以及其他重要或特殊的需注明的经历、事项等。还要注明各种联系方法并切实表明对工作的期望，最后附上有关证明文件的复印件。但全面不等于面面俱到、不分主次，要根据用人单位和职位的要求巧妙突出自己的优势，给人留下鲜明深刻的印象。

(3) 简练。有求职者觉得简历越长越好，以为这样显得更认真、易于引起关注，其实适得其反。招聘人员每天要面对大量的求职简历，一般在粗略地进行第一次阅读和筛选时，每份简历所用时间不会超过1分钟。面对很长的简历，短时间的浏览难免遗漏部分内容，甚至缺乏耐心完整细致地读完，这对求职者是很不利的。因此，简历的语言风格要简练、流畅，重点突出，在有限的篇幅里面把情况说清楚，多余的、与应聘岗位无关的事绝不写进去。在文字的应用上要深思熟虑、不落俗套，既要写得精彩，有说服力又要合乎情理，才能引起招聘人员的关注。

(4) 准确。简历中内容的“准确”是指三个方面的准确：一是文字风格运用准确。简历是实用型文体，句式一般以短句为好，文风平实、严肃，文学上各种抒情性的修辞手法不适合用于撰写个人简历。二是文字表达准确。尽量不使用生僻拗口的字眼，不使用容易产生歧义的词语，更不能有错别字和错句。三是数据准确。凡文中出现的数字、公司名

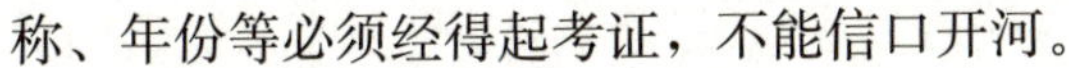

称、年份等必须经得起考证，不能信口开河。

(5) 客观。简历中所有涉及自我评价的部分都要力求公正客观，行文语气要做到谦虚谨慎、自信礼貌。一般在简历中用于描述个人特质时使用频率较高的词语有：精明能干、勤奋努力、善于沟通、富有想象力、勇于创新、有团队合作精神等。但是，如果这些词语缺少证据的支持就会变得毫无意义。因此，最好有业绩成果来做依据。例如，善于建立客户关系，曾经使3个大客户增加了25%的订单。

(6) 美观。版面设计是简历给人的第一印象。整洁、清爽的封面设计能让人赏心悦目。内文要条理清晰，层次分明；行文格式要规范整齐，疏密间隔适宜；对重要内容或关键词语可适当突出。整份材料应体现端庄大气的风格，切忌花哨杂乱。

小知识

HR拒绝看的6种简历

招聘的任务很重，得到的求职简历也很多，筛选求职简历是HR每天必做的事情。有一些求职简历HR只看一眼便马上放弃考虑，这些求职者就失去了得到这个工作岗位的任何机会。根据许多HR的经验，一些求职简历是被拒看的，比方说如下几种情况：

1. 求职简历里有很长的求职信

HR时间有限，通常要在很短的时间里看很多的求职简历，如果求职信过长，甚至重点不突出，重复表述同一个特质或能力，HR会感到你能提出来的就这有这些了，其他就不必要看了。

2. 求职简历不完整

工作经验在招聘当中是很被HR看中的。有的人写自己的工作经历时，不是前边丢掉几年就是近一两年的工作经历空白，让人对他顿生怀疑，也对他的求职态度和做事态度产生疑虑，再看下去的想法也没有了。

3. 求职简历表述过于简略

有一些人的求职简历相当的简单，工作经历只写到年，工作情况只写岗位名称，教育情况只写大专或大本，让人看到后了解的信息实在有限，那么也不会再进一步考虑了。

4. 求职简历出现明显错误

尤其是一些时间上的错误，比方说上十几年的大专，普通本科上五年或三年，还有两年和一年的，或者教育经历与工作经历完全重叠，或者算下来从11岁就开始工作经历的等，这样的简历会马上被抛弃掉的。

5. 求职简历的附件形式或标题不明确的

有的人提交求职简历时只写是应聘或个人简历，简历采用附件形式发送，这样的情况下如果简历很多，HR会把这样的求职简历放在最后，有时间才会浏览一下，时间紧就根本不会去理会了。

6. 用很怪异的邮箱名字发送求职简历

例如，司机投递简历时名字是“没油了”或“迷路了”，年轻人投递求职简历用“彻夜跳舞、狂欢”这类的文字，或者带脏字，等等，这样的标题和名字让人一看即不想再去打开简历了。

虽然每个HR筛选的标准不同，也可能各有所好，但是一些明显的、易犯的毛病还是应当尽量避免。招聘和应聘都是一件很严肃的事情。如果你是应聘者，请用负责的态度好好对待每一个环节，这样才能让HR相信你同样会具备严谨的工作态度。

三、求职信

1. 求职信的类型

（1）有针对性的求职信。

大部分的求职信都是有针对性的，即针对在招聘会上、报纸上、网络上、校园里或其他地方公布的空缺职位而写的求职信。因为是有确定的职位，所有用人单位对应聘者都会列出明确的要求。因此，写有针对性的求职信就很讲求自身条件与岗位要求相匹配，而且要用自己的资历、能力和经验来说明。

（2）无针对性的求职信。

无针对性的求职信是指向没有对外公布有职位空缺的单位负责人发去自我推荐的信件。显然，这种找工作的方式难度会比较大，但也不是完全没有希望。当求职人的条件足够好的时候，有些单位是愿意为此增加一个招聘岗位的，这种岗位的竞争相对也会没那么激烈。

（3）广而分发的求职信。

在大型招聘会或求职网站上有时候需要广而分发一些求职信和简历，以期引起某些用人单位的注意。虽然这是一份通用的求职信，但最好也要根据自己的大致意向做到有所侧重。例如，你比较愿意找一份销售的工作，则应该先找出各类公司销售工作的共通性，把自己的资历和特长与之相对应，则比较容易找到销售型的工作。

2. 求职信的书写格式

求职信属于书信一类，其格式也应符合书信的一般要求。

（1）称呼。

求职信的称呼与一般书信略有不同，书写必须用正规的称谓，把对方的官衔或职衔写上。如写给国家机关或事业单位的人事部门负责人，可用“尊敬的××处（司）长”称呼；如果是“三资”企业负责人，则用“尊敬的××董事长（总经理）先生”；如果是各类企业厂长经理，则可称之为“尊敬的××厂长（经理）”；如果负责招聘的责任人不明确，则可统称为“尊敬的××单位（××部门）负责人（领导）”。

（2）正文。

求职信的中心部分是正文，形式可多样，但内容主要是写求职信的理由、自我介绍、简明突出相关实力这三部分。

第一，写求职信的理由：招聘信息的来源、申请的目的、申请加入招聘单位的原因、所申请的职位。

第二，自我介绍：与申请职位有关的资历和才能，如大学名称、专业、学位、与职位有关的课程、相关工作经验等。

第三，简明突出相关实力：强调所接受过的培训、经历、技能和成就，即比别人更适合该职位的优势。

在求职信中不要逐一叙述自己以往的经历，因为招聘者感兴趣的只是经历中与申请职位有关的内容。同样，在介绍自己的特长和个性时，也一定要突出与所申请职位有关联的内容，不必写上不沾边的内容。例如，应聘设计师一职，却在求职信中大谈自己的运动天赋，会给人“偏题”的感觉。

（3）结尾。

一般应表达两个意思，一是希望对方给予答复，并盼望能够得到参加面试的机会；二是表示敬意、祝福之类的词句。如“顺祝愉快安康”“深表谢意”“祝贵公司财源广进”等。

最重要的是要在结尾认真写明自己的详细通讯地址、邮政编码和联系电话，以方便用人单位随时联系。

（4）署名。

按照中国人的习惯，直接签上自己的名字即可。除非是英文求职信，一般不要加“你诚挚的”“你忠实的”“你依赖的”等形容词。签名要亲笔签名才为有效，并显示对对方的尊重，不能打印。

（5）日期。

写在署名下方，应用阿拉伯数字书写，年、月、日都写上。

（6）附录。

求职信一般要求附上各类证件，以资证明。如学历证、职称证、获奖证书、身份证等复印件，并把标题一一列印在正文下方。

小知识

求职信的八项注意

(1) 应聘跨国公司或港澳公司，为引起对方的注意和重视，最好用英文（或其他外文）信件提出职位申请。所有英文求职信都应打印。对看不清楚的信件，收信人会随手扔一边。

(2) 写好求职信的第一句话，开门见山，让对方尽快知道它的内容。

(3) 段落要短，句子不宜长。

(4) 段落可以加小标题或编上序号，使求职信条理分明、层次清晰。

(5) 求职信的语气宜不卑不亢，不能过分客气，但也要尊重他人。

(6) 尽量避免用专业术语或俚语、方言。

(7) 不应有错别字，不要使用涂改液或橡皮擦，纸张不要沾上污迹，以示对人尊重。

(8) 最后别忘了签上你的名字。英文信件中本人的亲笔签名，应在打印的姓名拼音的上面。

3. 求职信的文字技巧

(1) 语气自然。

语言和句子要简单明了、直截了当，尽量少用一些从未用过的、令人费解的词语和句子。写信就像说话一样，语气要正式但不能僵硬。

(2) 通俗易懂。

写作要考虑阅信者的知识背景。招聘人员并不是所有行业的专家，所以不能用太过专业的字眼。一来人事经理或负责人或对自己看不懂的东西会失去兴趣；二来未免有卖弄之嫌。切记，不要使用生僻词语以及太多专业术语。

(3) 言简意赅。

招聘人员多半工作量很大、时间很宝贵，冗长的信件会使招聘人员的反感。所以，求职信应在重点突出、内容完整的前提下尽可能简明扼要，不要附加无关紧要的说明；多用短句，每段只表达一个意思。

(4) 具体明确。

要向对方明确表达应聘何岗位，自己的意愿如何。特别是在叙述自己的情况时，不要使用模糊、笼统的字眼，多使用实例、数字等具体说明。如“我设计的生产日程安排系统为公司创收超过 100 万美金”就比“我设计的日程安排系统为公司创收颇丰”有说服力。

小案例

求职信范文

尊敬的××银行领导：

您好！我写此信是应聘贵行招聘的××一职。贵银行的良好形象和员工素质吸引着我这名即将毕业的学生，我很愿意能为贵银行效一份微薄之力！

我是××大学××专业的一名应届毕业生。大学四年，我在校期间学习努力认真，严格要求自己，学到了许多专业知识，如××、××、××，并熟悉和掌握了有关法律基础理论和部门法等相关知识。四年中，我多次获得奖学金，顺利通过了大学英语四级、大学英语六级、会计师资格和计算机二级考试，能说一口流利的英语。

在学习之余，我积极参加学校组织的专业竞赛和学术活动，在××竞赛中我获得了××奖项。同时，我在课余还通过各种途径去锻炼自己的实践能力，增加社会经验。我曾在××外贸公司等多家公司兼职，使我在生产、销售、管理方面积累了一定的经验。

我的性格随和，而且善于与人沟通，能够很快融入新的环境与团队。我很希望能到贵银行工作，使自己所学的理论知识与实践相结合，让自己的人生能有一个质的飞跃。个人简历及相关材料一并附上，希望您能感到我是该职位的有力竞争者，并希望能尽快收到面试通知。

我的联系电话：×××××××××。

感谢您阅读此信并考虑我的应聘要求！

此致

敬礼！

×××

××年××月××日

四、求职面试

求职面试的时间一般都不长，短的甚至只有三五分钟，但掌握面试技巧却是一个非常关键的过程，可能影响一个人几年甚至几十年的命运。求职面试想获得成功，就要在有限的时间内充分展示自己的特点和优势。

1. 面试的三个阶段

（1）面试前的准备阶段。

这一阶段的主要工作是做好各项准备，包括：形象准备，如衣着、礼仪等；知识准备，如公司信息、专业知识等；心理准备，如保持轻松、愉快的心情等。

（2）面试进行阶段。

这一阶段是面试的主要阶段。开始时，面试者要尝试通过最初的接触令面试官形成好的印象，为进一步沟通做准备。当转入具体谈话时，要保持积极向上的心态，认真思考和回答面试官提出的各种问题。当面试进入尾声时，面试官对面试者的技能和兴趣已经有了一定的了解，这时面试者也可以向面试官提出问题，如询问一下面试流程、得到面试结果的时间等。

（3）面试结束后的追踪阶段。

在这一阶段主要是做总结，面试者应当回顾一下面试过程中自己的表现，并记录相关信息。做好总结非常重要，可以帮助我们积累面试经验，为下一次面试提供借鉴。

2. 应聘面试前的准备

大学生要顺利就业、找到理想工作，除做好求职心理调适、就业政策了解、求职材料制作外，还应事先做好了解目标单位、目标职位等方面的准备。

（1）了解目标单位情况。

了解应聘职位、单位及其所在行业。查找相关行业报告，了解行业概况。然后对应聘单位进行全方面扫描，包括企业的历史和发展前景、规模、组织结构、主要业务（产品或服务）、品牌、战略、市场、薪酬水平、员工稳定性、发生的关键事件等，最重要的是企业文化。甚至还可以搜集该企业老总的年终讲话，了解企业想做的事情和存在的问题。

了解越全面、深入，面试的成功率就越高，同时也有助于你对企业的判断。要知道，人才和企业是双向选择的关系，你要选择企业就要做全面了解。

（2）了解目标职位情况。

熟悉你应聘职位所需的专业知识。应聘职位情况包括应聘职位的职位名称、工作内容和任职要求等。要知道，同一个职位名称，各家企业的要求是不尽相同的；了解越多，面试成功的几率就越大。

企业在不同职位类型上，对求职者的要求是有不同侧重的。比如：营销类职位侧重沟通力、客户拓展力、机敏性；财会类职位侧重严谨度、原则性；技术研发类侧重逻辑性、专业性；企划、创意类职位侧重策划力、思维的发散性；工程类职位侧重执行力、实操性；人力资源类职位侧重亲和力、沟通力、推动力；行政服务类职位侧重服务性、热情度和细致度；中高层管理类职位则侧重认知的高度、领导力、协调整合力等。如果是应聘高管职位，最好能了解一下老板的相关背景和个性风格等。一般而言，老板肯定是面试的最后一关。

虽然每个人的风格已基本定型，但面试时不妨适当做有针对性的表现。

（3）了解可能的应聘方式。

要了解应聘的目标单位可能采取的面试方式。网上面试经验应有尽有，你要了解面试方式和基本应对方法，而不是追求标准答案。切忌把失败者的答案当自己的答案，更不能胡编乱造一个“集大成”的答案，否则面试官继续追问几个细节就会露馅。

最重要的是要根据自己的实际情况准备一个专属于自己的答案，即使你的答案不是最好的，但足够真实就好。

大体了解该行业在面试时，面试官通常会问到什么样的问题。知道大体方向后，对自己回答问题有帮助。还要记得自己简历里的任何阐述，因为面试官往往会从中选取相应的问题，万一问到的问题是你简历里阐述的长处，你自己却不记得，这就非常尴尬。

（4）准备面试着装打扮。

第一印象对于面试十分重要，面试官对你的第一印象来自于你的仪容打扮。无论应聘什么单位、什么职位，最好都选择穿职业正装。如果你还是害怕着装出问题，就去研究应聘单位员工的着装，上网查，甚至提前去单位的办公大楼看看。

还要注意整整头发、擦擦皮鞋，也可喷点淡淡的香水，有口气的准备口香糖，出发前最好照一下镜子。

（5）反思自身综合素质。

为应对面试官可能结合应聘职位对自己的综合素质进行提问，你应对自己的相应专业技能、实践操作能力、组织协调能力及自身的优缺点（包括体现优点的具体事例）等进行梳理，而且要认真思考如何结合所应聘的职位进行恰当而积极的阐述。在阐释优点时，一定要进行真实的阐述，要有事例，所阐述的优点应与这个职位所需要的素质相吻合。

（6）准备好个人相关资料。

简历、照片、纸笔之类，都需要认真准备。简历不用太长，要有针对性，2～3 页纸，充分写出自己的相关优势就可以。相关证书的原件和复印件也都要准备好，这样会让自己更从容。还应注意，一定要多带几份简历去，万一面试官是好几个人，总不能让他们传阅你的简历吧。

（7）了解公司地址与路程。

无论招聘单位有没有告知你乘车路线，你都要自己再查询或确认一下路线。进行网络查询是最好的，这样你可以看到路程所需花费的时间。

在预估出门时间时，一定要考虑堵车之类的情况，避免面试迟到。实在因堵车等原因而不能准时到达的话，也要电话告知对方说明情况，请求谅解。因为很多企业都是统一面试，你如果错失了机会，可能就与心仪岗位失之交臂了。

3. 面试中要注意的问题

要取得面试的成功，在面试的各个阶段都要集中精力，认真对待，力求全面展现自己的专业优势和综合素质。具体来说，应当注意以下几方面：

（1）面试前要想到各种细节，准备充分，给面试官留下良好的第一印象。

（2）注意礼仪，体现自己的文明风采。

（3）自信自强，语言把握有度，沉着、不怯场。

（4）实事求是，不要搞虚假的东西。

当然，功夫主要在平时，临时抱佛脚难以见效。我们在平时学习时，就应注意积累知识，提高修养，这样面试时才会有优异的表现。

课外拓展

辩论：先就业还是先择业

辩论题目：先就业再择业，还是先择业再就业。

活动要求：

1. 组织学生成立正、反方辩论队，参赛辩手每队4名，其余同学做后援团。

2. 选出1名主持人、2位计时员，教师指导学生设计好辩论赛程序（辩论赛程序包括：主辩阐明观点，自由发言，自由辩论，总结发言）。

3. 请职业指导教师、德育教师或班主任及2名学生代表做评委，辩论赛结束后请评委进行点评。

4. 评选出最佳辩手、最佳表现奖等奖项。

思考题

1. 职业信息有哪些作用？
2. 如何有效获取有效的职业信息？
3. 结合我国当前的就业形势，谈谈你对就业的认识。
4. 面对当前的就业形势，中职生应树立什么样的择业观？
5. 制作一份自己的求职简历。

创业教育篇

- 主题九　创业
- 主题十　创业者
- 主题十一　创业团队
- 主题十二　创业机会
- 主题十三　创业风险
- 主题十四　创业教育

主题九　创　业

重要知识点

1. 创业的重要意义。
2. 鼓励自主创业。
3. 树立正确的创业观。
4. 培养创业精神。

案例引导

“小师傅”点心坊初露锋芒

广西某市职业院校的“小师傅”点心坊，是由 10 位中西点专业的二年级学生开办的，启动资金仅为 1 000 元，由每位学生出资 100 元。对于这个校园创业的“新生儿”，学生和教师们都是尽心呵护。每天下午 4 点，校园里蛋糕飘香，不少学生都前来光顾“小师傅”，生意一时间很红火。

开业一个月后，这个创业团队产生了一些内部矛盾，师生们都对它的命运感到一丝忧虑。大家每天面对购料、半成品加工、销售、卫生清理等一系列高强度的工作，以及成本控制、新产品研发等多方面的管理问题，感到了压力。令人欣慰的是这些职业院校学生挺了过来，他们已经学会了工作，并且正在进行扩大市场的思考。

“小师傅”点心坊创办一年后，成员都大换班了，一年级中西点专业的 14 位同学接手了点心坊，经营范围从原来的西点扩大到中西点，品种增加到几十个，而且形成了比较成熟的营销理念。目前，点心坊每天的营业额达到 1 000 元左右。

[小提示]

创业者可以结合自己的兴趣、所学专业设计职业生涯发展目标，如果创业成功，不但能获得一定的经济收益，还会向自己的职业生涯目标迈进一大步；即使创业失利，也会在创业过程中锻炼能力，磨炼意志，积累经验，为实现自己未来的职业生涯目标奠定基础。

创业可以促进职业生涯目标的实现。职业院校学生走创业之路，有利于按照自己的意愿实现职业生涯目标。创业者有着充分的自主性，可以按照自己的思路选择经营项目，按照自己的想法运作企业，从而成为自己事业的主人。

一、创业与创业精神

创业就是创办自己的事业。创业是利国、利他、利己的好事。对国家来说，个人自主创业，意味着减轻就业压力；创业在使自己拥有一份工作的同时，激励和开发了自己的潜能；同时创业还能为他人提供就业岗位，通过税收为国家增加财富。

1. 创业的重要意义

创业不仅能充分展示一个人的价值，实现职业生涯质的飞跃，而且是全面建设小康社会的需要，是提高社会科技水平的需要，也是提高社会就业率的需要。

（1）创业有利于缓解和解决就业问题。

我国加入 WTO 后，企业竞争的加剧给社会就业带来了一定的影响。而现代经济是以现代化、高科技为主导的经济，高新技术的发展必然会使企业降低成本、提高效率，中小企业随着社会需求的日益多样化会快速增加。在这样的大环境下，鼓励创业就成为解决就业问题的一种行之有效的办法，对缓解整个社会的就业压力起到一定作用。

（2）创业鼓励竞争，有利于社会资源更加合理地配置。

从行业发展角度来讲，新创企业的加入和成功，会使行业竞争加剧，造成优胜劣汰的局面。而竞争的加剧，有利于经营良好的企业脱颖而出，从而有利于有限的社会资源得到合理配置，促进社会主义市场经济快速发展。

（3）创业伴随着创新，有利于推动科学技术的进步和社会生产力的发展。

提高企业竞争力的关键之一就是技术创新，而创业往往伴随着创新。新技术、新方法对全社会科技水平的提高有着不可替代的作用，而社会的发展也由于创新企业的成功而被注入了新的活力。

创业梦想的实现

李文在商贸职业学校就读时，曾立下志向——运用所学知识，遨游商海，创出一番事业来。走出校门的李文先后从事过酒店服务、专卖店营销、电脑公司业务员等工作。他边工作，边学习，提高自身素质，为实现心中的创业梦想做着准备。工作后的第三年，李文调到交通部下属的一个汽车检测设备计量检定站工作。虽然他干得不错，得到了师傅和领导的认可，但他觉得，这终归是为别人打工。

一天，《电脑报》上发布了一则“市场缺少刻录机”的信息，这给了李文以灵感。“我要试试，我要创业！”经过市场调查和反复思考，李文逐渐形成了开发影像 VCD 的思路，于是，他找了几个朋友合伙开办了一家属于自己的公司。公司运营得不错，半年后初见成效，盈利了 5 万元，还解决了 15 人的就业问题。紧接着，李文又创办了文昌缘信息咨询有限公司，为 20 多人提供了就业岗位。

回想自己的创业历程，已经是两家公司总经理的李文很欣慰，“我走的是自己选择的职业生涯发展道路，我在为自己的事业拼搏。”李文计划明年还要进一步拓展他的事业。

[思考]

李文的创业，于人于己都有什么重要意义？

2. 自主创业是一种机会

很多人不会对一份工作“从一而终”，就业、择业、创业、立业将伴随一生，因此寻找第一份工作的时候，应该抱着锻炼自身、完善个人能力、探寻发展机遇的心态。

许多毕业生希望在大城市、大单位就业，希望工作收入高、福利好、环境佳，但这样的工作岗位数量有限，竞争十分激烈。因此，毕业生应该主动适应市场变化，客观分析自身条件，合理定位求职目标。同时，近年来毕业生起薪水平有一定程度的下降，毕业生应及时调整对薪酬、福利等物质条件的期望，多关注岗位的发展和锻炼机会。

广大中西部地区、基层单位、民营中小企业人才紧缺，今后一段时间，这些地方将是打开毕业生就业空间的主要渠道。中职生从基层干起，更有利于今后的发展和成才。在艰苦地方拼搏的经历是宝贵的人生财富，从艰苦环境中成长起来的青年人更能迎接更大的挑战。

自主创业是一种机会，更是一种挑战。中职生要努力加强创业教育和实践，做一名就业岗位的创造者。但由于中职生缺乏必要的社会经验，创业的知识和技能还不成熟，缺乏足够的创业资金和丰富的社会关系，因此创业成功的中职生并不很多。所以，中职生在创业前，应该充分考虑自身的特点，慎重考虑各方面的条件是否具备，正确对待自主创业的成功和失败。

3. 鼓励创业

改革开放以来，涌现了一大批有远见、有胆略、有才干的青年，他们具有坚强的意志和毅力，敢冒风险、善于设计和规划自己未来的生活和事业，善于选择自己的人生之路，凭着自己的智慧和能力，开创一条成功的创业之路。

在新的历史时期，中职生应该树立正确的成才观，树立对社会的稳定和发展做出更大贡献的决心，争做对社会发展有益、有价值的创业者。人才与常人相比，区别在于是否有创造性，凡是给社会带来新的思想、新的事业、新的生活、新的劳动方式和新的社会效益的人，凡是具有创造性思想和行为的人，都是人才。创业为中职生成长提供了一条最好的道路。因为创业使中职生以事业的开拓为主线规划自己的青春，而不至于迷失方向；创业使中职生勇于改革、勇于创新，而不会虚度年华；创业会使中职生对社会做出有益的贡献，而不会碌碌无为；创业使一切有正义感、事业心、进取心的人向自己伸出友谊之手。这样，自己就会不断地从社会的正反两个方面的评价中吸收信息和能量，凭借自己的奋斗，一步步迈入成才之旅，成为真正的栋梁之材。创业者的路是不平坦的，也是各不相同的，但有一点是共同的，那就是：创业之路是培养强者使之成熟之路；创业之路是锻炼强者使之成才之路。

小知识

创意、创新、创业

近几年，随着创业大潮的兴起，创意、创新、创业这三个词语以极高的密度出现在了大众的视野里。然而，到底该如何界定创意，又该如何解释创新，它们和创业之间的关系又是怎样的呢？

首先，什么是创意？创意其实就是一种不同的想法，当大家都把视线放在传统的产品或者服务上时，你已经有了不一样的、独特的，甚至异想天开的构想。例如，当大家还在研究怎么把美瞳（彩色隐形眼镜）做得更多彩、更舒适时，你提出要制作并推出完全由水元素组成的可吸收的、不用摘取的、更不会造成眼部刺激的隐形眼镜。这就是一种创意，它就是一个不一样的想法，和它目前是否具有可行性，以后是否会带来商业价值无关。

其次，如何界定创新？创新是在创意的层面上更近了一步的概念，不仅强调“不一样”，同时也要求具有一定的可行性。其实，中国的中职生是很有想法的，他们的脑中从不缺乏创意，爱情保险、氧气胶囊、亲情保温、瞳孔摄像机、五维黑板都是他们几分钟头脑风暴就出来了的东西，但中职生缺乏的是验证想法可行性的能力和意识。

最后，创意和创新又和创业有着怎样的关系？创业是具有商业价值的创新，是可以转化为财富的创意。换句话说，创业是非常现实的一件事，不管你的想法有多么的独特，也不管你的前期分析有多么专业，如果赚不到钱或者企业没有增值，那一切都是白费。

在三个“创”字层层递进的转化中，我们不得不提的就是苹果的创始人斯蒂夫·乔布斯。1985 年被苹果公司扫地出门的乔布斯用 1 000 万美元从乔治·卢卡斯手中收购了 Lucasfilm 旗下位于加利福尼亚州的电脑动画效果工作室，并成立独立公司——皮克斯动画工作室，之后该公司成为了众所周知的 3D 电脑动画公司，并在 1995 年推出全球首部全 3D 立体动画电影《玩具总动员》。《玩具总动员》的成功带来了皮克斯公司价值的等比增长，上市时的皮克斯公司的市值已经达到 15 亿美元。其实，这 1 000 万和 15 亿之间的增值就是创意到创业的蜕变。

二、树立正确的创业观

1. 要有积极创业的思想准备

激情是一种催化剂，它能调动中职生创业的综合素质与各方面的潜能在创业过程中得以充分发挥。但就青年中职生来说，激情多表现为创业的信誓旦旦与对创业前途持过于乐观的态度，这种创业心态主要表现为对创业项目可行性分析不够或不全面、不严谨，只从事物的一方面评价创业项目。这其中有大部分中职生创业者仅仅只是有一个想法，而没有实现这个想法的较全面的可行性实施方案作为保证。由于中职生基本没有工作经验，在创业准备期决策所依据的基本上都是个人通过书本与各种媒体所学的知识与信息，因此中职生在未进入社会参加工作之前，在其内心还没有建立一套个人经验判别体系，故在考察商机与项目时，往往只能停留在理论分析上，无法从各方面了解项目。在此情况下，中职生还是应该以冷静、理性的心态面对创业机会与项目。

2. 要有敢于创业的勇气

创业需要有信心，只要经过充分的论证选准了的事情就要咬定不放，不动摇、不犹豫，勇于面对前进中的曲折和磨难；创业需要有恒心，要持之以恒，不怕各种挫折，失败了爬起来再干，终有一天会成功；创业需要有耐心，事业不是一帆风顺的，必然要经历一个长期积累、长期发展的过程，在不断熟悉社会、适应市场的过程中，才能驾驭事业的航船乘风破浪；创业更需要有知识，特别是高科技知识。创业最能体现人生价值和个人能力，创业不是坐享其成、因循守旧、因人成事，而是个人才智的最大限度的发挥，把人的所有潜能均挖掘出来。创业有时候需要孤军作战，不被亲朋好友所认可，不被社会一下子就认可。挫折、焦虑、愤怒、自卑、怀疑……种种感受会出现，像打翻了的五味瓶，什么都得品尝，什么都得体验。

3. 要提高创业能力

创业是一个系统工程，它要求创业者在企业定位、战略策划、产权关系、市场营销、生产组织、团队组建、财务体系等一系列领域有一定的知识积累。中职生有了好的项目或想法，只是代表“创业的长征路”刚跨出了一步。很多中职生认为，有一个好的想法与创意就代表一定能创业成功，而在创业准备时对可能遇到的问题准备不充分或根本就没有思考对策与设计好退出机制，所以对来自各方面的反面因素浑然不知，从而导致一开始便遇到各种各样的难题，使创业还没有走出多远，即以失败告终。所以，创业者不是全才，但要着眼于全才。

“创业”一词在中国具有悠久的历史和厚重的文化底蕴，而且它并不单单代表着某类企业的创办，更重要的是指一种巨大的成就或贡献。《辞海》中将“创业”定义为“开创建立基业、事业”。

创业是不拘于当前所控制资源而探寻机会并创造价值的过程，创业是一种思考、推理和行动的方法，它不仅受机会制约，还要求创业者有缜密的实施方法和讲求高效平衡技巧的领导艺术。

对目前已经出现的大量“创业”定义进行分析和梳理之后，不难发现这些描述和解释主要集中在“能力”“价值”“过程”“结果”四个方面，其定义如表9-1所示。

表9-1 四类创业定义比较

定义的焦点	定义/解释
能力	创业是正确地预测下一个不完全市场和不均衡现象在何处发生的套利行为与能力
	创业指的是创业家辨识合适投入的能力
价值	创业是一个发现和捕捉机会并由此创造出新颖的产品、服务或实现其潜在价值的过程
	创业是创办新企业，提供工作岗位，创造商业价值的行为
过程	创业是创业者积极探寻机会，积极整合资源，充分利用机会，实现价值创造的过程
	创业就是发现和利用有利可图的机会
结果	创业就是进行新的整合
	创业是开展独立的新业务

创业是创业者在详细的市场调查的基础上，发现机会，并通过资源整合实现其蕴藏的价值的过程。创业包括以下要点：

（1）创业是理智的决定，在选择创业之前必须对自身及所处环境进行详细缜密的了解。

（2）创业是创造的过程，创业包含着开拓创新的意思，所以创业应该能够产生某种有价值的新事物或对地区、国家具有一定的积极影响。

（3）创业是艰辛的旅程，创业的道路上存在大量的风险，所以创业者必须做好迎接各种挑战的准备。

（4）创业是人生的升华。努力的创业者通常都会得到创业的回报，这些回报也许是可观的收益，也许是成就带来的满足，也可能是各种经历沉淀出的智慧，无论是什么，创业都会为人生带来不一样的体验。

三、创业精神

1. 创业精神的内涵

创业精神是创业者在创业过程中表现出的一些重要的心理与行为特征，如创新意识、冒险精神、领导魅力、管理天赋等。创业者是否具有创业精神影响着其创业动力、创业规模、创业贡献等诸多定义创业成功的核心因素。

2. 创业精神的本质

创业精神这一概念最早出现于18世纪，其含义一直处于不断深化和丰富的过程中。对于创业精神的核心内容和关键指标，学术界一直存在着多种说法，但对于其本质的界定却有着比较一致的结论。学者们通过对大量成功创业者及知名企业家的调查分析，发现凡成功建立基业者，其身上必然拥有一些类似的品质或能力，本书基于此，将创业精神的本质界定为以下四点。

（1）创新意识。

创新意识是创业精神的核心。因为创业行为是具有开创性的活动，所以创业者通常会打破传统秩序，构建起突破常规的结构或体系。

（2）务实精神。

务实精神是创业精神的基础。务实精神是中华民族的优良品质，它强调躬行求实。创业有“创立基业”之意，因此事事必须从实处着脚，从前期的宏观环境调查、行业结构分析、市场潜力评估到企业管理中的各类工作都必须做到实处，否则基业必溃。

（3）独立人格。

独立人格是创业精神的根本。独立人格是指人的独立性、自主性，可以不依赖于任何外在的力量独立思考、独立实践的本领。创业的旅途上有太多的困难需要创业者独立去面对和解决，因此拥有独立人格的人才具备走进创业队伍的资格，它是创业精神的重要品质。

（4）果敢坚定。

果敢坚定是创业精神能否转化为实践行动的关键。创业精神是一种特殊的界定，它的内容既丰富又复杂，有的学者强调创业精神中的创造性，有的则立足于创业精神中的实践性，但果断坚定却是所有学者都认同的创业品质。

四、创业与人生发展

1. 创业的积极作用

创业活动对于国家和社会来说都具有非常巨大的意义，表现为宏观、中观、微观三个层面。创业在宏观层面上可以带动就业、激发创新、保证社会的安定团结，在中观层面上可以促进行业的发展与融合，催生新的思维及产业，在微观层面上可以增加高质量经济单位的数量，激活市场，创造财富，并保证创业者自我价值的凸显。

（1）保证社会的稳定。

创业活动带有鲜明的开创性，它往往能够激发出一些新思维或概念，其创新性能够促进社会经济的增长。而且，目前中国经济结构调整的重点是发展高技术产业，对于新创办企业的引导也是倾向于高科技或升级型产业领域，在不久的将来，大量成功的创业企业必然为社会经济注入新的活力，从而促进社会生产力的整体提升。同时，创业还能够为社会扩大就业渠道，缓解就业压力，进而维护社会的安定和团结。例如，马云于1999年创立的阿里巴巴在十余年的时间里不仅改变了国人的消费习惯，提升了整个社会的流通效率，还创造了大量的就业机会。阿里巴巴的崛起不仅将中国带入了电商时代，更拉动了以物流为代表的各领域的快速升级，同时还催生了网店模特、网店摄影师、网店装修师等数十个全新的职业。阿里巴巴已呈现出来的社会价值正是创业活动在推动社会进步、促进经济发展、保证社会稳定等方面发挥作用的佐证。

（2）促进行业的发展。

创业活动能够提升社会整体的创新意识，促进现有行业的成长、升级，甚至对某些行业进行融合、改变，以催生出全新的商业领域。例如，1976年成立的苹果公司用它的创新精神打造了个人计算机（PC）、数字音乐（iTunes）、移动商业（APP Store）、流行科技产品（iPod、iMac、iTouch、iPhone、iPad）等几大核心业务，缔造了前所未有的IT帝国。苹果公司的成功不单单是因为它创造了巨大的财富，更在于它推动了全球IT及相关产业的发展。对于这一点，中国的智能手机开发商可谓深有体会。2009年苹果手机正式进入中国市场，而这一产品的进入可以说是给了当时中国的手机开发商当头一棒，它让中国人知道了什么叫智能手机，也让之前一直宣称自己在做智能手机的手机开发商开始反思。很快，以黄章和雷军为代表的中国企业家开始认真思考“如何做好中国自己的智能手机”一题，并迅速展开行动，研发、测试、包装、推出各自的智能手机产品。现在的魅族和小米在中国智能手机排行榜上都有了各自稳定的地位，这一成绩要感谢苹果当年的“刺激”。因此，创业对于行业或市场的刺激是强烈的，而这一刺激正是促进行业成长、成熟的关键力量。

（3）个人能力的提升。

创业活动不仅可以推动社会的发展，促进行业的升级，更可以提升创业者个人的综合素质，实现创业者的人生价值。例如，聚美优品的创始人陈欧就是一个通过创业不断打磨自己，进而提升自身综合实力的创业者的典型代表。在开创聚美优品之前，陈欧曾经有过两次创业经历，在那两次创业过程中，陈欧有过失败，也有过成功，但最重要的是他积累了宝贵的经验，并在实践中不断地验证着这些经验，所有的这些经历将陈欧打磨得更加“锋利”，也让他在未来的商战中能够具有更大的战斗力和胜算。因此，创业对于真正的坚持者来说意味着挑战、破茧和成长。

2. 创业与人生发展的关系

创业并不只代表着开办一家企业，它有着开创事业、创新业绩等更广泛的意义。而创业也并不是每个人人生中的必经之路，有些人由于个性的影响或能力的局限，其一生都可能不会选择创业道路。但另外一群人由于客观现实的压力或自身骨子里的某种渴望，使他们必然会走上创业之路。对前一种人来说，他们的人生中只有“就业”，不会有“创业”，但对后一种人来说，创业的每一个阶段与其人生的起伏融合在一起。而我们对于创业与人生发展之间的关系的讨论只集中在后一种人身上。

美国心理学家亚伯拉罕·马斯洛于1943年在《人类激励理论》一文中提出“基本需求层次理论”，该理论认为人的需求分为五个等级，从低到高分别是“生理需求”“安全需求”“社交需求”“尊重需求”和“自我实现需求”。马斯洛和多位心理学家都认为，人人都有需求，而且在不同的时间点人们的主要需求会有所不同，但是人们的需求通常情况下都是由低向高发展的，即当某一个层级的需求得到了满足之后，人们的需求就会向更高一级发展，直到达到自我实现层面。马斯洛需求层次理论可以很好地解释创业者的创业与其人生发展之间的关系，如图9-1所示。

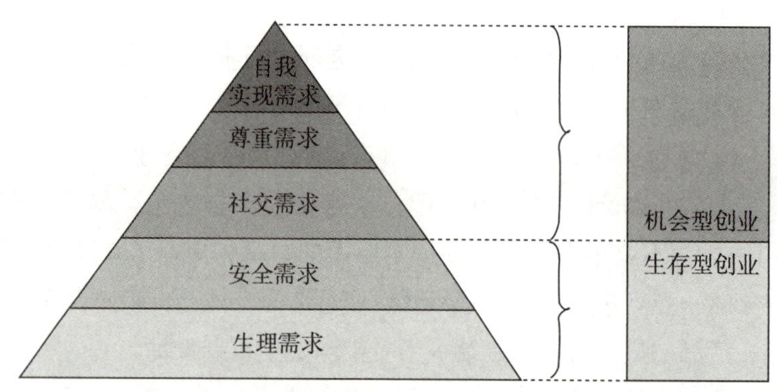

图9-1　创业与人生发展的关系

由图9-1可以看出，创业者的需求层次结构与其创业行为有着一定的匹配关系。创业者无论是迫于生存压力还是出于自身内部渴望，当他走上创业道路时，他的人生必然就要和企业捆绑在一起。生存型创业的创业者在努力奋斗的过程中主要是为了满足自我低层次的需求，例如“生理需求”和“安全需求”。但随着企业的发展和自身经验与资源的积累，这一类型的创业者会随着其自身需求的发展而转向机会型创业，或扩大现有企业规模，或转向更具投资价值的业务领域。而对于原本就选择了机会型创业的创业者来说，他们也会由于强烈的自我价值实现欲望的驱使，而不断地向新的领域挑战，在这一过程中，无论最终的目标是否得以实现，创业者的人生都得到了历练和丰富。

创业是创业者在详细的市场调查的基础上，发现机会，并通过资源整合实现其蕴藏的价值的过程。按照创业的初始动机不同，可以将创业划分为生存型创业和机会型创业；按照创业的主体不同，可以将创业划分为个人独立型创业、公司附属型创业和公司内部型创业。创业过程包括三个阶段：创业规划期、创业准备期和创业管理期。创业精神是创业者在创业过程中表现出的一些重要的心理与行为特征。创业精神的本质可以界定为创新意识、务实精神、独立人格、果敢坚定。

创业活动对于国家和社会来说都具有非常巨大的意义，可以带动就业、激发创新、保证社会的安定团结，也可以促进行业的发展与融合，催生新的思维及产业，同时又可以保证创业者自我价值的凸显。目前主要发达国家在创业体系的构建上都有着各自独特的做法，这些都可以成为中国建设创业型经济时的重要参考。中国的创业活动自改革开放以来共经历了六个阶段，每个阶段都涌现出了很多成功的企业家，每个阶段也都有着各自鲜明的时代特色。

课外拓展

聚美优品的创业实践

“你只闻到我的香水，却没看到我的汗水；你有你的规则，我有我的选择；你嘲笑我一无所有不配去爱，我可怜你总是等待；你可以轻视我们的年轻，我们会证明这是谁的时代。梦想，注定是孤独的旅行，路上少不了质疑和嘲笑，但，那又怎样？哪怕遍体鳞伤，也要活得漂亮。我是陈欧，我为自己代言。”

这是聚美优品创始人陈欧及其创业团队设计的企业广告宣传语，由于它揭示了“80后”的生存现实，唤起了那一代人内心的梦想和激动，使其一经喊出便迅速爆红于网络，陈欧和他代表的聚美优品就以这种奇特的方式进入了大家的视野。那时的聚美优品还很稚嫩，但现在的聚美优品已经脱胎换骨成为了中国最具代表性的化妆品限时特卖商城。

是谁打造了聚美优品今天的成功？你的答案也许是陈欧，当然作为企业的开创者，陈欧的选择、坚持、牺牲和义无反顾都为企业的生存奠定了基础，但陈欧背后还有一个看似年轻却无比强大的创业团队。这个团队早在聚美优品创立之前就已经存在了，当年陈欧、戴雨森、刘辉三个“80后”组成了铁三角，决心创业，在中国做出一番事业。

但是，三人的第一次创业并未成功，他们没有因此而气馁，而是痛定思痛，重新再来。在不知遭遇了多少次的尴尬、无奈、碰壁之后，三人组建的团美网终于上线，并在中国开创了化妆品垂直网售的先河。

现在，聚美优品的核心管理团队已经发展到百人，基层管理团队也在不断地发展壮大，但这些管理人员全部都是年轻人。这个看似年轻的团队，硬是在短短几年的时间里，凭借着一种不服输的态度和独特的创业精神，开创了商界一个又一个奇迹！

写一篇关于创业与创业精神的读后感，800字左右。

思考题

1. 试述创业的概念。
2. 如何区分生存型创业和机会型创业？举例说明。
3. 阐述创业的几个阶段。
4. 什么叫创业精神？

主题十　创业者

重要知识点

1. 创业者的定义。
2. 创业者的类型。
3. 创业者的性格特征。
4. 创业者的关键素质。

案例引导

“健康漆”——洪杰

洪杰从学校毕业后，顺利进入国有企业上班。在当时，这是一个不错的“铁饭碗”。工作了五年多，不甘寂寞的洪杰，毅然辞去“铁饭碗”，决定下海创业。

27 岁那年，他创办了自己的第一家实体企业，并挖到了创业的第一桶金。他乘胜出击，成立第二家公司。当时正处于经济转型期，石油化工产品十分紧俏，洪杰的生意做得风生水起，成为当时少有的拥有码头、贮罐的民营石油公司。但好景不长，随着经济形势的变化，洪杰的第一家公司陷入了困境，他也骤然从千万富翁跌成千万“负”翁。

面对巨大挫折，洪杰并没有认输。经过市场调研，他看到家庭装修用的胶黏剂有广阔的市场前景，于是决定利用自己的专业特长，从头开始，从最熟悉的领域做起，带领十几位不离不弃的老员工，转型生产白乳胶和万能胶。经过不懈打拼，洪杰终于打开了市场。靠着过硬的产品，数年间他的胶黏剂已闻名全国。然而，正当他的产品热销之际，大量劣质胶涌入市场。

洪杰几经调研，他决定急流勇退，转战涂料市场。他为新公司取名“三棵树”，并率先提出“健康漆”理念，意在传达对健康、绿色、自然的美好向往。多年来，独特的生态文化、优美的生态工业园和健康的产品，成为“三棵树”为人称道的行业三大风景。

[小提示]

洪杰的创业可谓一路艰辛，但他从不放弃，一路微笑着面对所有的困难与挫折，他相信只要一路向前，梦想终会实现！

创业是一种主动性的就业方式，为了鼓励创业，国家和各地政府相继出台了一系列优惠政策，积极鼓励创业。而对于中职生来说，依靠自身优势，创业成功的事例不胜枚举，他们在为社会做出贡献的同时，也实现了自己的人生价值。

创业成功的必要条件之一就是会创业，这对创业者的素质和能力提出了较高的要求。创业能否取得成功受到创业者的内在因素和环境等外在因素的影响。不过，外部的创业环境作为外因，归根到底还是要通过我们自身的内因起作用，所以，真正起决定性作用的是创业者的创业意识、综合素质和应用能力等内在因素。

一、创业者的定义

香港创业学院院长张世平对创业者的最新定义为：创业者一种主导劳动方式的领导人，是一种需要具有使命、荣誉、责任能力的人，是一种组织、运用服务、技术、器物作业的人，是一种具有思考、推理、判断能力的人，是一种能使人追随并在追随的过程中获得利益的人，是一种具有完全权利能力和行为能力的人。

目前，企业界对于创业者的定义有着比较一致的看法，认为创业者是组织、管理一个生意或企业并承担其风险的人。创业者有两个基本含义：一是指企业家，即在现有企业中负责经营和决策的领导人；二是指创始人，通常理解为即将创办新企业或者是刚刚创办新企业的领导人。

由此可以看出，创业者是一种人，这种人具有强烈的责任感和冒险精神，这种人的商业触角非常敏感，这种人肩负着经营管理企业的重担，这种人注定要承担更大的社会责任。

二、创业者的类型

“创业者”这三个字具有非常丰富的内涵，按照其内涵中不同的要点可以将创业者划分为不同的类型。按照创业动机划分，可以分为以下三种：

1. 生存型创业者

生存型创业者对应于生存型创业，这种类型的创业者创办企业的目的并不是发现了商机，也不是为了自我价值的实现，而是为了保证自己能够以此为业生存下去。这种类型的创业者多为下岗工人、转业军人、失地农民、待业中职生等，他们迫于现实的压力，不得不选择自己做些“小买卖”，创业的目的非常单纯，即生存。这种类型的创业者在选择创业领域时多集中在小规模的商业贸易、技术含量较低的加工业或进入成本较低的电商市场，这类创业者的企业的发展潜力通常不大，但是在保证市场的活跃性方面具有积极作用。

2. 变现型创业者

变现型创业者指的是手上掌握着一些无形的资源，通过把握一定的机会而将无形资源转变为有形货币的创业者。例如，曾经在党、政、军、行政、事业单位就职并掌握了一定权力、信息或人脉的人员，或是在国企、民营企业担任经理人时获取了大量资源和经验的人员。这些人的手上也许没有足够的启动资金，但是他们拥有的是比资金更重要的资源，如特殊的渠道、信息、人脉、技术等，所有的这些无形资源都可以在市场中转化为财富。目前，第二类变现者，即曾经担任过经理人，有着丰富企业运营管理经验的人员，他们已经活跃在商场之中，并在不同的领域里有着不俗的表现。比如，现任苏商集团董事局主席的严介和就曾经有过十余年执掌国企的经验，丰富的人生阅历和职业历练为他沉淀出了宝贵的财富，也铸就了他今日的辉煌。而第一类变现者，即曾经在党、政、军、行政、事业单位就职的人员，他们中不少人也对从商产生了一定的兴趣，并且他们的从商意愿也得到了政府的鼓励，不少地区的政府部门还为他们出台了鼓励性政策，如鼓励公务员停薪下海、允许政府官员创业失败后回到原有岗位，甚至在融资方面给予帮助等。例如 2012 年 12 月，吉林省发布的《吉林省人民政府关于进一步促进小型微型企业发展的意见》提出，政府机关工作人员创办企业的，按管理权限，经批准同意，允许一段时间内保留原职务级别、编制、人事关系及工资福利待遇，但最长不超过 2 年，超过 2 年的要办理相关辞职手续。

3. 主动型创业者

主动型创业者指的是本身就具有强烈创业意愿的创业者。这种类型的创业者的创业不是单纯地为了生存，也不是为了变现自有资源，而是为了一个明确的目的，如挖掘某一项目的商业价值、追求自身的理想或实现自我价值。总之，主动型创业者是在有了充分的思想和物质准备的基础之上，带着资源、技术和激情走上创业道路的人。主动型创业者是创业者中最理性的一种，他们的创业动机是积极的，他们的创业积累是丰富的，他们创建企业的成功率也相对较高，而且企业有着较强大的持续成长可能，随着规模的扩大，企业能够承担较大的社会责任。

按照创业模式可以将创业者划分为复制型创业者、模仿型创业者、安定型创业者和冒险型创业者；按照创业者的规模又可以将其划分为独立创业者和团队创业者；按照创业者的社会贡献可以将其划分为自救型创业者和价值型创业者；按照创业者的个性可以将其划分为炫耀型创业者、务实型创业者和另类创业者。总之，按照不同的标准，可以把创业者划分为不同的类型。本书重点介绍按创业动机和创业模式划分出的创业者类型。

三、创业者的性格特征

近几年来，越来越多的学者将研究的焦点放在了创业这一领域，而这其中就有很大一批学者试图梳理出成功创业者普遍具有的个性特质。本书对多位学者的研究结论进行了总结，整理出了创业者具备的七大性格特征。

1. 锐意进取

锐意进取指的是意志坚决地追求目标，它是一种向上的、坚持有所作为的个性特质，这种性格特质是所有成功企业家都具备的。宜于创业的人多是不甘于平庸的人，他们想要干出一番事业，为此对自己有着近乎苛刻的要求。这样的人不允许自己在追求目标的道路上有一丝的懈怠，他只能一路向前冲，失败了就再试几次，直到成功。这样的一种上进精神和必为人先的追求是创业者的一个极其鲜明的个性特点。

小案例

永不止步的“探险者”——王石

王石，万科集团董事局主席，祖籍安徽。

1951 年 1 月出生于广西柳州，在北京长大，在兰州求学。王石几乎经历了他那一代人所经历的一切，例如到新疆参军，退伍转业下工厂做工人等。1974 年，王石得到单位推荐进入兰州铁道学院（现兰州交通大学）就学，大学毕业后分配到广州铁路局，成为工程段技术人员。1986 年，已经成为正科级干部的王石不顾家人的反对毅然选择辞职“下海”创业。他的第一个创业地点就是当时还只能用荒滩涂地来形容的城市——深圳。来到深圳的王石成了一名“倒爷儿”，他的第一桶金是靠做饲料中介商，倒卖玉米得来的，这让他赚了 300 万元。王石用倒玉米赚来的钱开办了深圳现代科教仪器展销中心，经营从日本进口的电器、仪器产品，同时还搞服装厂、手表厂、饮料厂、印刷厂等。用王石的话来说：“就是除了黄、赌、毒、军火不做之外，基本万科都涉及了。”

仅仅两年，王石已经坐拥千万资产，但他并没有满足，他要把他的企业做出样子来，要做出品牌，要让国人以他的企业为傲。1988 年，王石把他的企业正式更名为“万科”，毅然选择进军房地产行业，并大幅度收缩其他非相关产业，全力以赴主攻房地产，誓做“中国房地产 NO. 1”。王石在房地产市场上的拼搏并不是一帆风顺的，他拿到的第一块地就比市场平均价高出一倍，但他没有退缩，而是勇往直前。在中国房地产这个没有硝烟的战场上，王石用他的智慧、坚持、果敢推着企业一路向前，最终铸就了中国房地产第一品牌——万科。如果王石没有锐意进取的精神，那么现在的他也许只是广州铁路局的一位老干部。

2. 自信乐观

创业者的第二种个性特质就是乐观自信，指的是精神愉快，对事物的发展充满信心。创业是一条无比艰辛的道路，这条道路上充满着猜测、质疑、无奈、痛苦甚至绝望，因此走在这条道路上的一定要是一个散发着光彩与活力的人。现在，各种媒体中常常会有一些采访商界人士的节目，当我们问及这些企业家：什么样的人适合创业？企业家们通常会给出他们各自不同的观点，但“天性乐观的人”却是众多答案的交集。这些“过来人”认为天性乐观的人，在遇到问题时不会立即逃避或过分沮丧，本性会驱使他们朝着乐观的方向思考，而这样的动作往往可以帮助他们找到解决问题的办法。所以，乐观是创业道路上必不可少的品质。而自信通常情况下是与乐观交织在一起的，相信自己的人在战胜竞争对手的征程中永远拥有源源不绝的力量，因为他们相信自己有能力、相信自己会坚持、相信自己会得到，当这份“相信”支撑着他们走到最后时，他们会发现自己真的做到了。

3. 务实坦诚

凡成功创业者必是务实之人，他们的务实不仅表现在自己的心态和行为上，也表现在他们对待外部事物的态度上。务实的创业者拥有开阔的眼界，可以客观冷静地分析市场，他们知道市场目前的实际状态，他们了解行业缺口，他们知道自己要什么，不要什么，知道自己能做什么，不能做什么。而且他们并不只是想想而已，他们会有计划地将一切付诸行动，眼前事立断立行，不拖泥带水。成功的创业者是坦诚的，不会故意隐瞒，更不会编造谎言。他们会真诚地对待伙伴、员工、顾客、社会，而他们的真诚也会得到更真诚的回报。相反，有些自以为聪明的商人，故意虚报企业财务数据，隐瞒债务，以为可以哄骗大众，但他们其实是在自欺欺人。

4. 善良宽容

优秀的创业者都是善良宽容的人，他们会真诚地对待身边的人，把止于至善当作创业的终极目标。他们有足够的胸怀和气度，能够宽容并谅解身边的人。他们相信人性本善，相信吃亏是福，相信信任能够形成一种力量，激发出人骨子里的善良与美好，并迫使人们自律。善良的创业者相信伙伴，体谅员工，尊重对手，真诚地服务于顾客，奉献于社会。善良宽容的创业者在创业的道路上能够走得更远。

海底捞的创业者——张勇

张勇，1971年出生，四川省简阳人，海底捞餐饮股份有限公司创始人。

海底捞以其细致周到的服务得到了食客们的青睐，也造就了业内的销售奇迹。火锅业的同行一直在学习，甚至试图“复制”海底捞，但只学得到形，却学不到神。究其原因，主要是因为海底捞的竞争优势在于人，是独特的人带来了与众不同的贴心服务，而张勇就是铸就海底捞与众不同的第一个人。

张勇的父亲是农机厂的厨师，母亲是小学教员，他下面还有两个弟弟。张勇的童年正好赶上中国物资最匮乏的年代，所以他可以说是浸泡在贫穷中长大的。初中毕业之后，张勇考进了技校，技校毕业之后就进入了四川国营拖拉机厂成为了一名工人。但张勇显然并不喜欢那样的生活，所以他开始寻找发财致富的项目。

张勇曾经有过四次创业经历，他看上的第一个项目是“押大小的扑克机”，结果设备还没买到手，钱就被骗走了。紧接着，他又开始“倒油”，依旧无果。张勇的第三次创业是“小火锅”，那是一种介于传统火锅和麻辣烫之间的吃法，就是把食材穿成串放到锅里煮着吃。这一次的创业总算有点成绩，张勇的小店在半年的时间里赚了一万元。但是在回想那一段经历时，张勇说他也没少被骗，例如在交房租的时候，房东要多少，他就给多少，结果比别人多交了一倍的钱。人们问他为什么不防着点？他只是笑着说，他相信人性本善，相信吃亏是福。张勇回忆，当时整条街都是做小火锅的小店，他的店也没有什么不同，就是他自己比较殷勤，会主动观察每一位顾客，叔婶哥姐的常挂在嘴边，后来很多顾客来他这里都只是为了店里融洽的气氛。不难发现，张勇骨子里是个善良的人，他愿意相信别人，他也相信信任可以换来真心。

1994 年，海底捞火锅店在简阳开张，张勇把他的这份善良和信任埋在了店里每一位员工的心中。他善待员工，大胆授权，并以员工个人的成长作为考核的标准，所有的这些努力，使海底捞的员工将企业当成了家，并拼了命地为了这个家的壮大而拼搏、努力。

张勇的善良、努力、坚持，换来了员工的呼应，而员工的努力又创造了同行无法复制的优质服务，这就是为什么海底捞你学不会也抄不去的关键。

5. 谦逊守信

谦逊守信是成功创业者必备的特质。谦逊指的是不自大、不浮夸、不高傲。谦逊的企业家都是低调的、内敛的、沉稳的，不会浮躁地处理事务，也不会依仗成就而俯视他人。通常情况下，成就越高的企业家越是平和，越易相处。而企业家的这份平静、谦和也会渗透入他的企业，使他的企业即使面对激烈的市场竞争也可以平稳应对。守信指的是保持诚信、遵守信约。这是人能立足于社会的根本，也是企业获得持久生命力的关键。

四、创业者的关键素质

1. 忍耐

在创业的路上，付出了怎样的代价与努力，忍受了多少人不能忍受的憋屈、痛苦甚至屈辱，这种心情只有经历过的人最清楚。对一般人来说，忍耐是一种美德，但对创业者来说，忍耐是必须具备的素质。成语里有一句“艰难困苦，玉汝于成”，还有一句“筚路蓝缕”，意思都是说创业不易。不易在哪里呢？首先是要忍受肉体上和精神上的折磨。肉体上的折磨还好一些，挺一挺就过去了，最要命的是精神上的折磨。如果你没有宠辱不惊的定力，做一个打工仔可能是更好的选择。

小案例

能屈能伸的创业者——冯军

冯军，爱国者数码科技有限公司总裁。中关村最早一批“个体户”之一。

冯军是清华大学的高材生，读大学时就在北京秀水街给倒货的留学生当翻译赚外快。毕业后有一个好工作，他却不愿干，宁愿跑到中关村自己打江山。冯军在中关村又有“冯五块”的称号，意思是说，他每样东西只赚你五块钱。有媒体曾经这样描述冯军在中关村的生活，“冯军一次用三轮车载四箱键盘和机箱去电子市场，但他一次只能搬两箱，他将两箱搬到他能看到的地方，折回头再搬另外两箱。就这样，他将四箱货从一楼搬到二楼，再从二楼搬到三楼……”这样的生活，有时会让人累得瘫在地上站不起来。

冯军在中关村创业，一要丢掉清华大学高材生的面子。在中关村和冯军干一样活儿的人，大多数是来自农村的农民，一个清华大学的高材生，成天与他们打交道，需要很好的心理承受能力。

另外，为了让人家代理自己的产品，见人就点头哈腰，赔笑脸说好话。这样的事在冯军的创业道路上不知道发生过多少次，但冯军坚信中国人要做出自己的企业和品牌就必须忍人所不能忍，做人所不愿做。在这一信念的支撑下，1997 年，冯军正式创立民族 IT 品牌——爱国者。

2. 明势

作为一个创业者，既要明事，又要明势。做过期货的人都知道，要想赚钱关键是要做对方向，这个方向就是势。比如说，大势向空，你偏做多；或者大势利多，你偏做空，你不赔钱谁赔钱！反过来说，你就是不想赚钱都难。势分大势、中势、小势。创业的人，一定要跟对形势，要研究政策，这是大势。很多创业者不太注意这方面工作，认为研究政策没有意义。实则不然。对一个创业者来说，大到国家领导人的更迭，小到一个乡镇芝麻小官的去留，都会对自己产生影响。在政策方面，国家鼓励发展什么，限制发展什么，对创业之成败更有莫大关系。做对了方向，顺着国家鼓励的层面努力，可能事半功倍；做反了方向，比如说，某个行业、某类型企业，国家正准备从政策层面进行限制、淘汰，你偏赶在这时懵懵懂懂一头撞了进去，一定会鸡飞蛋打。顺势而作，就是顺水行舟。“朝辞白帝彩云间，千里江陵一日还。”指的就是顺水行舟。苏东坡坐船回老家，走得和李太白是同一条路，却整整花了三个月。原因无他，太白顺水，东坡逆水。创业的道理也一样。观察政府，研究政策，是为了明大势。中势指的就是市场机会。市场上现在时兴什么，流行什么，人们现在喜欢什么，不喜欢什么，可能就指明了你的创业方向。俞敏洪如果不是赶上全国性的英语热和出国潮，他就是使再大的劲，洒再多的泪，流再多的汗，也不会有今天的成功。小势就是个人的能力、性格、特长。创业者在选择创业项目时，一定要找那些适合自己能力、契合自己兴趣、可以发挥自己特长的项目，这样才有利于你做持久性的全身心的投入。

3. 敏感

敏感不是神经过敏，神经过敏的人，像琼瑶小说里的那些角色，可以做茶余饭后的消遣，唯独不适合创业。创业者的敏感是对外界变化的敏感，尤其是对商业机会的快速反应。一些人的商业敏感来自耳朵，一些人的商业敏感来自眼睛，还有一些人的商业敏感来自自己的两条腿。北京人都很熟悉什刹海边那些拉洋车的人，黑红两色的装饰，非常显眼。这些人都是一个叫徐勇的年轻人的部下。1990 年，爱好摄影的徐勇出版了一本名叫《胡同 101 像》的摄影集，有对中国民俗感兴趣的外国朋友看到这本影集，就开始请徐勇带自己去胡同参观，讲解胡同文化历史。徐勇立刻就意识到这里有商机。不久他的以北京“坐三轮逛胡同”为主题的旅游公司办了起来。当初徐勇将自己的想法告诉朋友和家人的时候，几乎遭到了所有人的一致反对：北京可看的东西太多了，故宫、长城、颐和园……哪一个不比胡同更吸引人，有多少到北京来的人会有兴趣去看那破破烂烂的胡同，北京本地人更不会有兴趣。政府有关部门当时也不看好他的主意。现在，徐勇的“胡同游”却日进斗金，让所有人大跌眼镜。有些人的商业感觉是天生的，如胡雪岩，更多人的商业感觉则依靠后天培养。如果你有心做一个商人，你就应该训练自己的商业感觉。良好的商业感觉是创业者成功的最好保证。

4. 创新

创业是一个斗体力的活儿，更是一个斗心力的活儿。创业者的智谋，将在很大程度上决定其创业成败。尤其是在目前产品日益同质化，市场有限，竞争激烈的情况下，创业者不但要能够守正，更要有能力创新、出奇。创新是一种高深的智慧，它时时贯穿于创业者的每一个创业行动中。王传福做比亚迪，别人都是用整套的机器代替人力，他偏偏反其道而行之，用大量的人力代替机器，只在不得不用机器的少数几个环节才使用少量的机器。原因在于，王传福知道，作为一个劳动力供应的大国，中国工人的人力成本远低于购买成套机器设备的成本。使用人力代替机器，虽然使比亚迪的工厂变得不那么好看，显得不那么现代化，但却使比亚迪的生产成本一下子就降了下来，竟低于主要竞争对手日本汽车公司 40%。凭借价格优势，比亚迪在世界市场横扫千军，将日本人打得稀里哗啦。王传福也在短短数年之内，积累了大量的财富，进入了《福布斯》中国富豪榜。对于创业者来说，智慧是不分等级的，它没有好坏、高明不高明的区别，只有好用不好用、适用不适用的问题。当年谢圣明带着红桃K一帮人，在农村的猪圈、厕所上大刷广告时，遭到了多少人的嘲笑。但是，如今在猪圈上刷广告的谢圣明已经成为亿万富翁。所以，归结创业者智慧就是“不拘一格，出奇制胜”。

5. 分享

作为创业者，一定要懂得与他人分享。一个不懂得与他人分享的创业者，不可能将事业做大。美国心理学家马斯洛认为人有五种需求，第一是生存需求，第二是安全需求，第三是社交需求，第四是尊重需求，第五是自我实现需求。这五种需求具体到企业环境里，具体到公司员工身上，就是需要老板与员工共同分享。当老板舍得付出，舍得与员工分享，员工的生存需求、安全需求、社交需求、尊重需求就从老板那里得到了满足。员工出于感激，同时也因为害怕失去眼前所获得的一切，就会产生“自我实现的需求”，通过自我实现，为老板做更多的事，赚更多的钱，做更大的贡献，回报老板。这样就构成了一个企业的正向循环、良性循环。你会发现商场的“老姜”们常会说这样一句话“有钱大家赚”，这句话不是为了显得他们阔气，而是因为他们懂得会分享的老板才是最聪明的老板。当你将财富分享给你的伙伴、你的员工时，你并不是在“割肉”，而是在传递成功的快感，而这一份情感的传递会激发出伙伴们更大的拼搏热情，从而带来更大的财富和成功。

6. 反思

反思其实是一种学习能力。创业既然是一个不断摸索的过程，创业者就难免在此过程中不断地犯错误。反省反思，正是认识错误、改正错误的前提。对创业者来说，反思的过程，就是学习的过程。有没有自我反省的能力，具不具备自我反省的精神，决定了创业者能不能认识到自己所犯的错误，能不能改正所犯的错误，是否能够不断地学到新东西。在商场上的千万个创业者中，除有限的几个“新经济”的锋线人物，如上海易趣的邵逸波、深圳网大的黄沁据说是神童外，其他大多也就是如曾国藩所说的“中人之质”而已，并没有哪个成功者在智力上有什么出类拔萃之处，比如智商高到180、200之类的。相反，这些成功者有一个共通之处，就是都非常善于学习，非常勇于进行反思。方杰做奥普浴霸，大家觉得那么容易，好像是一蹴而就似的。其实早在澳大利亚留学的时候，方杰就有意识地到澳大利亚最大的灯具公司LIGHTUP公司打工。当时他还不懂商业谈判。他知道自己的缺陷，很希望学会谈判的本领。他知道他当时的老板是一个谈判的高手，所以，每当有机会与老板一起进行商业谈判的时候，他总是在口袋里偷偷揣上一个微型录音机。他将老板与对方的谈判内容一句句地录下来，然后再回家反复地听，不断地揣摩、学习，看看老板是怎样分析问题的，对方是怎样提问的，老板又是怎样回答的。他就这样学习，几年以后就成为了一名商业谈判的高手。最后老板退休了，把位子让给了他。到了1996年，方杰差不多已经成了澳洲身价第一的职业经理人。然而他不想当打工仔了，想自己回国创业。方杰的奥普浴霸就是在这样的基础上做成的，方杰并不是一个天生的生意人。作为一个创业者，遭遇挫折，碰上低潮都是常有的事，在这种时候，反思能力和自我反省精神能够很好地帮助你渡过难关。曾子说："吾日三省吾身。"对创业者来说，问题不是一日三省吾身、四省吾身，而是应该时刻警醒、反思自己，唯有如此，才能时刻保持清醒。

7. 积累

创业不是引"无源之水"，栽"无本之木"。每一个人创业，都必然有其凭依的条件，也就是其拥有的资源。一个创业者的素质如何，看一看其建立和积累资源的能力就可以知道。创业者的资源，可分为外部资源和内部资源两种。内部资源主要是指创业者个人的能力，如其所占有的生产资料及知识技能、家族资源等。拥有一份良好的内部资源，对创业者个人来说无疑是重要的。但外部资源的积累同样不可或缺。其中最重要的一点就是人脉资源的沉淀，即创业者构建其人际网络或社会网络的能力。一个创业者如果不能在最短时间之内建立自己最广泛的人际网络，那他的创业一定会非常艰难，即使其初期能够依靠领先技术或者自身素质，比如吃苦耐劳或精打细算，获得某种程度上的成功，我们也可以断言他的事业一定做不大。创业者的人脉资源，按其重要性来看，有以下几种。

第一是同学资源。现在社会上同学会很盛行，仅北京大学，各种各样的同学会就不下几十个。周末的时候，到北大、清华、人大等校园走走，会发现有很多看上去不像学生的人在里面穿梭。其中有许多人是花了大价钱从全国各地来进修的。学知识是一方面的原因，交朋友是更重要的原因。对于那些"成年人班"，如企业家班、金融家班、国际 MBA 班等班级的学生，交朋友可能比学知识更加重要，有些人唯一的目的就是交朋友。有许多成功者的身后都可以看到同学的身影，有少年时代的同学，有大学时代的同学，更有各种成人班级如进修班、研修班上的同学。赫赫有名的《福布斯》中国富豪南存辉和胡成中就是小学和中学时的同学，一个是班长，一个是体育委员，后来两人合伙创业，在企业做大以后才分了家，分别成立正泰集团和德力西集团。同学之间因为接触比较密切，彼此比较了解，同时因为少年人不存在利害冲突，成年人则大多数从五湖四海走到一起，彼此也甚少存在利害冲突，所以友谊一般都较可靠，纯洁度更高。所以对于创业者来说，同学资源是值得珍惜的最重要的外部资源之一。

第二是职业资源。对创业者来说，效用最明显的首推职业资源。所谓职业资源，即创业者在创业之前，为他人工作时所建立的各种资源，主要包括项目资源和人际资源。充分利用职业资源，从职业资源入手创业，符合创业活动"不熟不做"的教条。如昆明的"云南汽车配件之王"何新源，在创办新晟源汽配公司之前，就在省供销社从事相同工作；有名的宝供物流，其创始人刘武原来是汕头供销社的一名"社员"，被单位派到广州火车站从事货物转运工作，后来承包转运站，再后来利用工作中建立的各种关系，创立了"宝供"，通过为宝洁公司做物流配送，一举成为国内物流业之翘楚。

第三是朋友资源。朋友是一个总称，同学是朋友，战友是朋友，老乡是朋友，同事也是朋友。一个创业者，三教九流的朋友都要交，谈得来，交得上，就好像十八般兵刃，到时候不定就用上了哪般。朋友就像资本金，对创业者来说是多多益善。“在家靠父母，出门靠朋友”、“多一个朋友多一条路”是至理名言。一个创业者如果不会交朋友，没有几个朋友，肯定只有死路一条。

课外拓展

测评：你具备创业技能吗？

回答下列问题，以便更深入地了解你自己具备一名创业者的技能。选出你认为符合自身实际情况的选项。

1. 在一个聚会中，你的朋友告诉你，那个衣着奢华的人最近投资了另一个朋友的企业。你会怎么做？

a. 快速走向他，向他介绍你自己，告诉他关于你的商业构想的所有细节，同时询问他是否对你的构想感兴趣并准备投资。

b. 请你的朋友把你介绍给他，经过介绍，你给潜在的投资者递上你的名片并且礼貌的询问你能否在某个时间给他打电话并向他展示你的创业计划。

c. 你认为在聚会上打扰这个人可能不是一个好方法。毕竟，他来这里是休闲的，你可能在其它地方还会遇到他。

2. 你的老板决定由你负责寻找办公用品的供应商，并选择一家你认为最好的企业作为公司的供应商。你有什么反应？

a. 是的！你终于有机会向老板展示你的能力，此外，你还可以让少数供应商为自己的公司服务。

b. 你感到恐惧，这对你而言则责任太重。如果你犯了错，让公司受到损失怎么办？你不希望表现不好。

c. 你很兴奋。这是让老板留下好印象的一个好机会，而且你可以学会怎么比较供应商以及与供应商谈判（这都是你自己做企业时所需要的）。

3. 当你得到一份兼职工作时，你已经开始在学校上全日制学习班，这个兼职工作与你明年毕业后准备创立的企业正好在一个行业里。

a. 在你与学习导师讨论如何更好平衡学习和工作计划之后，选择工作。因为你相信你即将获得的经验和关系在你创业时是无价的。

b. 选择工作。实际上，这样只会占用你额外的时间却最终赚取一些外快，即使少睡点觉又有什么关系呢？

c. 放弃工作。你不希望你的成绩太糟糕，工作和学习很难兼顾。

4. 你获得了一个市场营销公司调查员的工作，这份工作的薪水很好，但是，需要你与很多人谈话。

a. 选择工作。你喜欢与人交往，而且这份工作是训练你了解消费者需求的一个很好的办法。

b. 放弃工作。只要你一想到与陌生人接触就不自在。

c. 选择工作。这样你可以进行一些自己的市场调查，向被调查者询问一些有关你创业计划的想法。

5. 你前一份工作的薪水很好也很有趣，但是你需要投入更长的工作时间，有时周末也不能休息。你有什么反应?

a. 你毫无怨言的投入你额外的时间，但是你这样做主要是因为你觉得获得的奖励值的这样做。

b. 你近乎狂热的工作并让自己精疲力竭，因为慢节奏并不适合你。

c. 你辞职了。你是一个严格遵守朝九晚五工作的人，工作不是你生活的全部。

6. 你是一个出色的吉他弹奏者，你的朋友总要求付费请你上课。你有什么反应?

a. 你花了一些钱在本地报纸上登了6周的广告，宣布：你现在可以授课了，费用与本地教师的价格一样。

b. 你开始教少数朋友看方向如何。你询问他们准备如何付费? 他们希望学些什么?

c. 你教了少数朋友一些课程，但是拒绝收费。

7. 你最好的朋友创建了一家网站设计公司。他需要帮助，因为公司在不断成长。他承诺你可以成为公司的合作伙伴，尽管你对电脑一窍不通。你有什么反应?

a. 你立即加入了公司，你认为可以很快学会相应的知识。

b. 你让朋友为你保留合作伙伴的位置，但是要求首先为你推荐一个可以让你提高自身技能以符合公司发展要求的课程。

c. 你同意了。由于你对公司一无所知，你并不知道如何开展工作。

分数统计：

1. a=2　b=1　c=0

2. a=2　b=0　c=1

3. a=1　b=2　c=0

4. a=1　b=0　c=2

5. a=1　b=2　c=0

6. a=2　b=1　c=0

7. a=2　b=1　c=0

12分及以上：你是一位天生的风险承担者，而且可以承受巨大压力。这些都是一位成功创业者所应具备的重要特征。你愿意努力工作，但是存在着将警告当耳边风的倾向。注意，在做任何决策前，都不要忘记考虑机会成本。

6～12分：你在风险承担与仔细评价之间取得了出色的平衡。创业者对这两方面的素质都需要。你也没有受到过于赚钱欲望的驱动。你知道成功的企业在收获回报之前需要艰苦的工作和牺牲。你应确保将自己的本能和品质用于最可能的商业机会。

6 分或 6 分以下：你对称为一名创业者过于谨慎，但是在你了解更多企业经营知识后可能会有所改变。你关心财务安全，而且可能不会热衷于投入更多的时间启动你的事业。这并不意味着你不会成为一名成功的创业者。只要确信你决定创建的企业正是你梦想的企业，你就受到激励并取得成功。

 思考题

1. 如何理解创业者的定义？
2. 创业者需要具备哪些素质和能力？
3. 你如果创业，有哪些素质优势？
4. 简述创业者需要的各种资源。

主题十一　创业团队

重要知识点

1. 创业团队的价值。
2. 创业团队的组建原则。
3. 创业团队的管理技巧。

案例引导

腾讯五虎将

深圳市腾讯计算机系统有限公司是一家民营 IT 企业，总部位于中国广东深圳，是中国最大的互联网综合服务提供商之一，也是中国服务用户最多最广的互联网企业之一。腾讯从最初的 5 个人、5 条电话线、8 台计算机，到如今成为业务范围覆盖 IM 软件、网络游戏、门户网站以及相关增值服务等多个层面，员工规模达到 2.5 万余名，年营业额超过 400 亿元人民币的中国互联网巨头，这样一个商业奇迹的诞生源自一个完美的创业团队。

1998 年的秋天，马化腾与他的同学张志东合资注册了深圳腾讯计算机系统有限公司。之后又吸纳了三位股东：曾李青、许晨晔、陈一丹。据说，这五位创始人的 QQ 号是从 10001 到 10005。为避免彼此争夺权力，马化腾在创立腾讯之初就和四个伙伴约定清楚：各展所长，各管一摊。马化腾是 CEO（首席执行官），张志东是 CTO（首席技术官），许晨晔是 CIO（首席信息官），曾李青是 COO（首席运营官），陈一丹是 CAO（首席行政官）。

这样一个创业团队的形成是非常难得的，因为他们不但拥有着一致的目标和相似的梦想，还在专业技术和资源上完美互补。而且，直到 2005 年的时候，这五人的创业团队还是以最初的队形在运作着，相互配合，不离不弃。直到腾讯做到今天的帝国局面，其中 4 人仍然奋战在公司一线，只有 COO 曾李青挂着终身顾问的虚职而退休了。

在企业迅速壮大的过程中，要保持创始人团队的稳定合作是尤其不易的。在这个背后，工程师出身的马化腾从一开始对于团队合作的理性设计功不可没。从股份构成上看，5 个人一共凑了 50 万元，其中马化腾出资 23.75 万元，占了 47.5% 的股份；张志东出资 10 万元，占 20%；曾李青出资 6.25 万元，占 12.5%；许晨晔出资 5 万元，占 10%；陈一丹出资 5 万元，占 10%。虽然马化腾出资最多，但他却自愿将所占股份降到一半以下，目的是让团队其他成员的总和比自己多一点，不要形成一种垄断、独裁的局面。但同时他自己又必须出主要的资金，占大股份，因为他知道如果股份大家平分，肯定会出问题，因此要有一个主心骨。

而保持腾讯团队稳定性的另外一个关键因素就在于搭档之间的合理组合。

据《中国互联网史》作者林军回忆说，“马化腾非常聪明，但非常固执，注重用户体验，愿意从普通用户的角度去看产品。张志东是脑袋非常活跃，对技术很沉迷的一个人。马化腾技术上也非常好，但是他的长处是能够把很多事情简单化，而张志东更多的是把一个事情完美化。”

徐晨晔和马化腾、张志东同为深圳大学计算机系的同学，他是一个非常随和也有自己的观点，但不轻易表达的人，是有名的“好好先生”。而陈一丹是马化腾在深圳中学时的同学，后来也就读于深圳大学，他十分严谨，同时又是一个非常张扬的人，他擅长于在不同的状态下激起大家的激情。

如果说其他几位合作者都只是“搭档级人物”的话，曾李青是腾讯五虎将中最好玩、最开放、最具激情和感召力的一个人，与温和的马化腾、爱好技术的张志东相比，是另一种类型。其大开大合的个性，也比马化腾更具攻击性，更像拿主意的人。不过或许正是这一点，也导致他最早脱离了团队，单独创业。

后来，马化腾在接受多家媒体的联合采访时承认，他最开始也考虑过和张志东、曾李青三个人均分股份的方法，但最后还是采取了 5 人创业团队，根据分工占据不同的股份结构的策略。即便是后来有人想加钱、占更大的股份，马化腾说不行，“根据我对你能力的判断，你不适合拿更多的股份”。因为在马化腾看来，未来的潜力要和应有的股份匹配，不匹配就要出问题。如果拿大股的不干事，干事的股份又少，矛盾就会产生。

当然，经过几次稀释，最后他们上市所持有的股份比例只有当初的 1/3，但即便是这样，他们每个人的身价都还是达到了数十亿元人民币，是一个皆大欢喜的结局。

［小提示］

在中国的民营企业中，能够像马化腾这样，既包容又拉拢，选择性格不同、各有特长的人组成一个创业团队，并在成功开拓局面后还能依旧保持着长期默契合作，是很少见的。而马化腾成功之处，就在于其从一开始就很好的设计了创业团队的责、权、利。

创业团队是指在创业初期，由一群才能互补、责任共担、愿意为共同的目标而奋斗的人组成的特殊群体。创业团队有两个主要特征：一是创业团队的成员必须是在创业初期加入，全身心投入新企业的创建活动，并在企业核心决策层中发挥积极且关键的作用；二是拥有新企业的所有权。

一、创业团队的内涵与类型

创业团队首先是一种团队，但它又不同于通常意义上的团队，它有着特殊的内涵。在了解创业团队之前，先要搞清楚什么是团队。刘易斯认为，团队是由一群认同并致力于去达成共同目标的人所组成的，这群人相处愉快并乐于一起工作，共同为达成高品质的结果而努力。管理学家斯蒂芬·P. 罗宾斯认为，团队就是由两个或者两个以上的，相互作用、相互依赖的个体，为了特定目标而按照一定规则结合在一起的组织。由此可以看出，团队就是两个或两个以上的人为了共同的目标而走到一起，并发挥协同作用，努力实现目标的群体。

创业团队属于团队中的一类，它明显属于商业领域，其终极目标是财富的创造和梦想的达成。创业团队是两个或两个以上参与公司创立过程并投入同比例资金的人。但从各国高科技创业团队的实际情况来看，创业团队成员的出资比例往往因个人经济条件而有所不同。因此，郭洮村对创业团队的定义进行了修正，他认为创业团队是指两个或两个以上参与公司设立过程并投入资金的个人。

综上所述，创业团队有狭义与广义之分。狭义的创业团队是指由两个或两个以上拥有相同创业目标，共享创业受益，共担创业风险，共同承担创业责任的人组成的工作团队。广义的创业团队不仅包含狭义的创业团队，还包括创业过程中的各种利益相关者，如风险投资家、供应商、代理商等。

小知识

一流的合作团队

在硅谷流传着这样一个“规则”，由哈佛 MBA 和 MIT 的博士组成的创业团队几乎就是获得风险投资人青睐的保证。从中我们可以看到一个优势互补的创业团队对于高科技创业企业的重要性，只有在技术、市场、融资等各个方面都有一流的合作伙伴才能够确保成功。

建立优势互补的创业团队是人力资源管理的关键。团队是人力资源的核心，需要“主内”与“主外”的不同人才，以及耐心的“总管”和具有战略眼光的“领袖”，技术与市场两方面的人才都不可偏废。创业团队的组织还要注意个人的性格与看问题的角度，如果一个团队里有总能提出有建设性的可行性建议的成员和一个能不断发现问题的批判性的成员，对于创业过程将大有裨益。

作为创业企业核心成员的首席执行官还有一点需要特别注意，那就是一定要选择对项目有热情的人加入团队，并且要使所有人在企业初创时就要有每天长时间工作的准备。

高科技企业创业通常是以技术创新为主，因此，对于项目核心技术人员，要舍得投资，以招聘到最优秀的专业人才。一个创业企业开始的时候需要在各方面节俭，但是对于技术人员要舍得投入。有人说，一个优秀的程序员抵得过一百个普通程序员，对于这种数量极少的人才，应当在薪酬、员工期权等方面尽可能予以优厚待遇。

企业在创业之初，就要建立一套有效的员工考核方案，对员工的工作业绩定期进行有效的考核。至于考核的方式，可以采取量化或者面对面交流的方式，也可以参考实际情况采取其他的不同方式。只有考核方案还不够，还要有一个员工能力发展计划，帮助员工在工作中、在企业内部培训中及自学中不断提高自己的能力，这样的发展计划有时比丰厚的薪酬更能吸引高素质的员工。

二、创业团队的价值

21 世纪是一个科技迅猛发展、信息爆炸式增长、全球化和网络化高度融合的时代，在这样一个时代里，企业面对的竞争环境是极其复杂的，企业的创立、生存和发展需要投入巨大的努力和智慧，而这一切绝非单个创业者靠一己之力所能达成，所以个性相容、能力互补、资源共享的创业团队是在当今社会创立企业的必然选择。

优质的创业团队对于新生企业的生存与发展具有非常明显的作用，例如团队成员专业技能的融合、各类资源的共享和智慧的凝聚等。

1. 优势互补

创业，可以说是“梦的开始”，也可以说是“困难的开始”。但是，如果你有那么几个铁血兄弟，在你面临困难时挺身而出，在你一穷二白时仗义相助，在你深陷泥潭时荣辱与共，在你寂寞无助时陪伴左右，在你生死关头时拼死相救，那创业何愁不成？优质创业团队中的成员一定可以做到优势互补，这里的优势包括专业特长，也包括个性特质。我们都会认同一句话，即“没有完美的个人，但可以有完美的团队。”一个人无论多么睿智或勇敢，无论专业素养有多强，他的整体能力也是有限的。但团队则不同，团队中的每一位成员身上都蕴含着巨大的力量，而当这些力量碰撞到一起必然会产生绚烂的火花。企业在其整个生命周期中需要创立者投入多方面的智慧，如项目的分析、产品的设计、技术的完善、市场的开发与稳固、企业的管理、风险的评估等，所有这些工作都需要投入巨大的心力，它绝对不是一个人所能完成的。但如果将这些工作分配给拥有对应专业特长的成员，那么这种“不可能”就会变为“可能”。这就是创业团队价值中“优势互补”的第一层意思，即专业特长的互补。创业团队的“优势互补”还包含了另外一层意思，即个性特质的互补。一个人的个性也许是很尖锐的，但一个团队的个性一定是平滑的。因为优质团队中的成员在通常情况下是有着相同价值观但个性不同的人，这样的团队不仅在能力上是“综合”的，在性格上也是“中和”的，他们在推动企业前进时，不会冒进，也不会犹豫，他们在管理企业时，不会浮躁，也不会消极。优质的创业团队在能力上和性格上都是平衡的，因此他们的步伐是坚定的，他们的判断是理智的，他们的未来是广阔的。

2. 资源共享

创业团队的一个重要价值在于成员之间资源的共享。创业者在创业的过程中必然要经历很多阶段，如确定创业目标，寻找创业项目，筛选创业项目，分析项目价值，评估项目市场，撰写创业计划，获取启动资金，创办新企业等。而这些阶段都需要创业者拥有大量的各类资源，如信息资源、资金资源、专业技术、人才资源、人脉资源、渠道资源等。一个人同时获得这么多种资源的概率是非常小的，但一个团队可以做到。团队成员各自掌握着不同的资源，当这些资源汇集到一起时就可以满足创办企业所需，将创办企业的想法变为现实。例如著名的“腾讯五虎将”，这样一种创业团队是极其平衡的，也让同行非常羡慕。换句话说，如果不是有许晨晔、张志东、曾李青、陈一丹的全力支撑，单凭马化腾一人之力绝对无法成就今日腾讯的网络帝国。

3. 激发智慧

创业团队的另外一个重要价值在于团队成员之间智慧的激发。俗语有云：“三个臭皮匠，赛过诸葛亮。”这句话不是指人多力量大，而是指人多智慧多。当创业团队的成员就某一问题寻找解决方案时，每个人都会从自己习惯的角度去思考问题，因此每一个人给出来的解决方案都暗藏着一个独特的切入点，当所有成员都提出了各种观点之后，这些观点又会对其他成员产生一种刺激，进而形成更具创新性的想法，这个过程就是团队成员之间的头脑风暴，它能够帮助创业者激发更大的智慧。例如，人人网的创始人王兴就得益于此。王兴本科毕业之后就出国了，在美国他看到了社交网络，并决定非做不可。回国之后，他将自己的想法发给了很多同学，有小学的、初中的、高中的、大学的，最先对他的想法表示认可并加入到他的创业团队的是他的大学同学，当时在中科院读博士的王慧文，紧接着王兴的高中同学赖斌强也放弃了北方电讯的工作，加入到了他的创业团队。三个人在清华大学北边租了一个三居室的房子，他们的创业梦想就从这间简陋的三居室开始了。三个人最早是想做一个手机通讯录同步软件，因为他们觉得人与人的关系即联系方式都存在了手机通讯录里。但在三个人你一嘴我一嘴的讨论和后期的实际调查中，三人发现这款产品的市场还不成熟。因此又转移了方向，投入到了社交网站的开发中，在他们第一个产品“多多友”诞生的过程中，由于三个人对开发网站都不熟悉，所以都是仗着胆子硬闯，大家一起想点子，再一起尝试编写代码，就这样为“人人网”的诞生打下了坚实的基础。

4. 降低风险

通常情况下，创业团队都是由熟悉的人组建的，他们或者是同学，或者是战友，或者是亲人，或者是一起长大的朋友，他们有着相似的价值观和一致的目标。这样的团队构成使得成员之间都非常了解，大家对于彼此的个性、喜好、坚持、厌恶等都非常清楚。团队成员之间相互理解、信任，能够很快地融合，保证在创业道路上能很快做到步调一致。例如正泰集团董事长南存辉刚刚走上创业道路时，他身边站着的就是他的小学同学胡成中；新希望集团董事长刘永好身边站着的是他的兄弟刘永言、刘永行；而大名鼎鼎的比尔·盖茨也是与自己的同学兼好友保罗·亚伦一同开创了商界神话。因此，团队成员之间的“熟悉”可以在很大程度上降低企业运营因人而产生的风险。

培养团队协作精神，降低创业团队风险

创业团队是企业诞生或成长过程中最主要的人才资本。一般情况下，创业团队的力量越大，其所产生的风险也就越小。但创业团队的核心成员在某些问题上产生意见分歧不能达成一致时，则有可能会对企业造成强烈的冲击。所以，大学生创业，在组建创业团队时，应该注意下述问题，努力规避管理团队风险。

（1）创业团队成员的性格搭配。在创业时，打造核心团队的基础是尊重个人兴趣和成就，核心是协同合作，目标是形成团队成员的向心力、凝聚力。要对成员加入团队的目的进行深入的分析，了解成员是否具有创业所需要的品质，并且形成以市场、技术、财务三大必备人才为基础的团队知识结构体系，以规避创业团队的人力资源风险。

（2）建立一整套有效的激励机制。在企业发展过程中对员工的忠诚、负责、积极性、主动性、创造性予以奖励、提升，对员工的错误予以教育，让员工敢于自我批评，激浊扬清，不断完善自我。

（3）要学会知人善任。团队组织及决策机制的建立非常重要，要主动发现和任用各类人才，为他们提供创造和发挥才能的广阔空间，充分发挥团队成员的主动性、创造性，将团队风险降到最低。团队力量的发挥是组织赢得竞争的必要条件，团队在核心成员的影响下勤奋工作，会使整体组织保持活力。

三、创业团队的组建原则

1. 一致性原则

创业团队中的成员可以来自不同地区，可以有不同的成长背景，可以拥有各自不同的个性，也可以专攻不同的专业，但一定要拥有相同的目标和相似的理想。只有以共同的理想作为驱动力，团队成员才会排除万难朝着目标迈进。同时，在一致的目标和坚持之下，团队也更容易沉淀出其独特的文化，从而为企业的持续发展提供内部力量。例如，聚美优品的创始人陈欧、戴雨森、刘辉在回国创业之初，三个人共同的理想就是借助网络平台干出一番事业，以体现“80 后”独特的风采，后几经尝试，三人终于在垂直电商领域大展拳脚，并成就了聚美优品今日的辉煌。

2. 互补性原则

互补性原则是组建创业团队时的一个关键性原则，在选择团队成员之时，需要考虑成员之间个性、专业、能力以及团队角色等诸多因素的互补。一个优质的创业团队就像拼图一样，每一块都是不同的，但拼接在一起却可以是完整的、完美的。创业团队成员在个性上应该有“软”有“硬”，有个性强烈的、果断的，有个性柔和的、谦让的、细致的。创业团队成员在专业上应该有“粗”有“细”，有人专长于大刀阔斧的市场开拓和渠道建设，有人精通于细致的产品完善或财务分析。创业团队成员在能力上需要有“文”有“武”，有人擅长创新，有人强于执行。同时，团队中的每个人都能基于其个性、能力等诸多因素的不同而有意无意地在团队中扮演不同的角色，承担不同的任务，以保证团队成员以最佳的状态投入创业事业。

3. 精简性原则

组建创业团队时必须遵循的另外一个原则为精简性原则，其强调在组建创业团队时人员要少而精，即能用一个人绝对不用两个。首先，如果创业团队人员过多会导致较高的人员成本，这不利于企业初期的运转；其次，过多的成员会使团队中角色重复或个性冲突的概率大大提升，这容易导致团队的瓦解；最后，创业团队中的成员对于企业的发展会有各自不同的构想，他们可能会倾向于坚持各自的观点，也许在创业初期会有成员选择妥协，但随着企业规模的扩大，团队成员想要证明自己的欲望会越发强烈，慢慢就会影响到决策的效率，甚至导致决策失误。因此，组建创业团队时需遵循精简性原则。

4. 开放性原则

组建创业团队时必须遵循的最后一个原则就是开放性原则。在绝大多数情况下，创业团队最初只是由几个志趣相投的伙伴组成的，这样的团队在企业创立的初期也许还可以支撑，但随着企业规模的逐步扩大，企业所面对的问题逐渐复杂化，可能将呈现出力不从心的状态。此时，创业团队完全可以根据具体需求大胆纳新。此外，即使创业团队在专业、技能方面不存在缺口，也可能会随着团队成员之间的过分熟悉，而出现团队思维的固化，此时同样需要引入新成员，以引进新思想，激发新火花。但需要注意一点，即新成员必须与团队原有成员拥有一致的创业理想和相似的理念。

怎样让创业团队没有隔阂?

毫无疑问，创业团队的质量决定着创业的成功几率。创业团队里面一定是一群志同道合、情投意合、能力匹配且相互欣赏的人。这群人满腔热血走到一起，并决定为着同一个目标而奋力前行。但问题是，很多创业团队是兴奋地登台，却争吵着、决裂着散伙。那么，该如何保证创业团队的高效协作和完美融合呢？请记住两个原则——“玻璃瓶原则”和“不过夜原则”。

玻璃瓶原则指的是团队成员之间不隐瞒、不遮盖，在团队交往中有任何不满马上说出来，无论这份不满是针对事或是针对人，都必须开诚布公地讲出来，不要让成员心中存有芥蒂，因为“结”一旦形成，就会越来越大，越来越死。最后只有信任的丧失。

不过夜原则指的是团队成员之间的矛盾要快速解决，最好是当天的不满当天化解，不要给这份“不好”任何“恶化”的可能。团队的组建是非常不易的事情，一旦你找到了拥有相同志向的那一群人，一定要紧紧地抓住他们，相信他们就是和你并肩作战、开疆辟土的勇士，相信这个团队可以相守一生、走到最后。

四、创业团队的管理技巧

1. 统一认知

企业的管理需要智慧，创业团队的管理更需要用心。在管理创业团队时，需要明确的第一件事就是统一认知、统一思想，对关乎团队成长、企业建设的核心问题必须有一致的认识。例如“这支团队要采用何种决策模式?”是大胆放权的民主式，或是小心谨慎的集权式，还是取两者之长的适度放权式；再比如“面对危机时以何种态度应对?”是退避求稳，还是积极应对。创业团队必须对诸如此类的关系企业生存发展的重大问题有足够的“默契”，才可以保证团队的稳健运转和企业的快速成长。

2. 权责明确

企业的建设是一个系统工程，要完成这一工程，团队成员需要协同作战，不仅要有共同的愿景，还必须根据各自所长承担相应的责任，以保证团队权责明确。在划分团队权责时必须保证总量一致原则，即团队中所有成员承担的责任无重复、无遗漏，每一位成员承担的任务加总刚好等于团队的总任务量。团队成员权责明确，各司其职，保证企业稳步成长。创业者常犯的错误是大家“不分大小”“大碗吃肉、大秤分金”以及“结拜相交”。其实这些都是创业路上的大忌，短时间内这些江湖习气看似能够凝聚人心，但长期看来不仅不会产生团队的战斗力，反而会毁坏团队的文化。相反，事先明确成员权责，“把丑话说到前头”的做法更显理性和智慧。

3. 有效沟通

保证创业团队高效运作的一个关键因素是团队成员之间能够进行有效的沟通。只有沟通，团队成员之间才会产生一致的认知，才能激发新颖的想法，才能破除误解和矛盾。但有效的沟通本身却是一门不小的学问。创业团队要保证沟通的效果则至少要做到三点：第一，明确问题，抓住重点；第二，允许表达，但不赘述；第三，重视反馈，统一认识。各种不同的人走到一起，组成一个团队，一同创业，一起打江山，这本身就是一种缘分，而缘分的延续需要真诚的情感和努力，所以在推动团队的运转过程中一定要做到充分而有效的沟通。

4. 充分信任

创业的道路无比艰辛，一个人纵使能力再强、本事再高，也无法以一己之力成就一番事业。因此，现代社会成为了团队的时代，但团队的运转和管理却也面临着信任危机。毫无疑问，彼此之间缺乏信任的团队是走不远的，而一个人能让自己得到信任的前提是勇敢地选择相信别人。对于有责任感的创业者来说，信任本身会形成一股强大的力量促使团队成员为团队做出更大的贡献。巴塞罗那俱乐部之所以强大是因为：第一，球队中的每一个人都是自己“位置”的专家，不论是前锋还是后卫都拥有娴熟的技术；第二，球队成员之间相互信任，配合默契，一人带球，全队跑位；第三，善于控制比赛节奏，张弛有度，能把握时机。由此可见，一个团队，无论是创业团队还是竞技团队都需要成员之间真正的理解与信任。

5. 共同成长

优质的创业团队是有生命的，它会经历稚嫩、成长和成熟等不同的发展阶段，而在这一系列变化过程中，团队成员一定是共同成长的，包括在专业能力方面、心理承受能力方面、彼此的信任与默契方面、风险的预测和预防方面等。团队的成长会带来企业的成长，相反，团队的停滞也会导致企业的萎缩。因此，创业团队必须营造出一个良好的氛围，以保证成员可以不断地学习、不断地前进、不断地成长，不可安于现状或故步自封。

小知识

如何打造金牌团队？

第一步，聚集成员。创业团队的成员最好是来自一个学校，或者相互之间距离较近。

因为这样才可以保证团队成员之间密切的交流和接触。

第二步，相互了解。当团队成员集结完毕，下一步就是成员之间的相互了解。我们可以通过营造放松的氛围，让成员将自己的成长经历、学习经历甚至情感经历分享给大家，因为团队的情感和信任一定是建立在分享的基础之上的。

第三步，共同学习。当团队成员之间有了感情，下一步就是为着共同的理想一同“充电”了。创业团队需要学习的东西很多，例如语言表达、行业分析、市场策划、人际沟通等，学习这些知识最好的方式就是实践。团队可以依托校园策划并举办院系专业精华知识讲座或者按照完整的商业策划案的文本结构去设计并推行某一项活动，活动的主题并不重要，重点是要复杂、要麻烦，因为在这个“烧脑”的过程中，团队成员自然就感受到了自身的缺点和不足，也就有了日后努力的方向。

第四步，共同历练。当团队成员基本的能力塑造完成之后，就是共同“受虐”的时候。团队成员要就某一主题去和企业建立联系，例如为了举办某场活动到企业中去拉赞助。这个过程其实和创业者寻找合作伙伴或寻找投资商是非常相似的，在这个过程中创业团队不仅可以感受一下在与企业进行谈判时双方的诉求要点，进而学会换位思考，更是可以练就强大的心理素质和应变能力。

课外拓展

团队作用分析

“三个臭皮匠，赛过一个诸葛亮。”我国著名作家柏杨曾经如此形容日本人：“每个日本人都是一条虫，但三个日本人就是一条龙。”为什么“三条虫”最后能够成为“一条龙”？这就是团队的作用。

良好的团队，可以相互合作、相互补充。研究发现，在竞争激烈的市场环境中，团队的创业绩效要远远高于个体创业者。请以此为主题写一篇 800 字的感想。

思考题

1. 如何认识创业团队的价值？
2. 创业团队的组建原则有哪些？
3. 创业团队的管理技巧是什么？

主题十二　创业机会

重要知识点

1. 理解什么是创业机会。
2. 区分不同的创业机会类型。
3. 掌握识别创业机会的途径。
4. 学会分析创业机会的实际商业价值。

听来的创业机会

2012 年，在杭州颐高创业大厦四楼，新开了一个美食城，里面进驻了十来个餐饮品牌，除了担负所在写字楼白领吃饭的功能以外，还可以为周边写字楼送外卖，提供早午晚餐、下午茶、零食点心等，此外更延伸出线上线下的有机蔬菜、食品类销售，以及运动、休闲娱乐活动的团购等——这就是颐高为写字楼白领打造的电商平台：楼友会。

餐饮和停车，是写字楼里最有商机的两块市场。楼友会的灵感则来自客户的抱怨。当年，颐高集团董事长翁南道听到客户抱怨："你们的食堂太难吃了！"，此时做写字楼白领电子商务平台的念头就出现在了翁南道的脑中。

很快的，原先的食堂区域就被打造得像大商场楼上的美食广场，这里引进了真味豪、桂林米粉等十多个餐饮品牌。美食城的一侧专门出售有机苹果、猕猴桃、山核桃、盆栽苹果等产品。所有的品牌都是颐高从外界引进的。美食城的负责人李艳苹说，有机食品他们都一个一个农场去考察过，而对于引进的餐饮品牌，也会对每天的食品原料进行检测，杜绝地沟油和农药残留超标的蔬菜等。

目前，颐高创业大厦的美食城可以覆盖周围 10 幢写字楼，每天营业额最高可以达到 6 万元。预计一年能产生 2 000 万营业额。如果推广到全国，这里面能有 20 亿元的生意。

［小提示］

潜在的市场机会虽然不易于为人们发现和识别，寻找和识别难度大，但由于抓住和利用这种机会的创业者人数少，因而机会效益高。案例中翁南道从抱怨中听来的商机就是这样的创业机会。

创业机会作为一种特殊的机会，能为创业者带来回报或实现创业目标，来源于生活中的方方面面，如市场的变化、技术的升级、政策的指向、自然环境的馈赠、社会和人口因素的变化等。生活中存在的问题和市场上出现的空缺都意味着未被满足的需求，创业者需要透过现象看到本质，从问题中发现机会。

一、创业机会概述

1. 创业机会的界定

创业机会属于一种特殊的机会，它既包含自身的特殊性又拥有机会的共性。因此，为了更准确地界定创业机会，创业者有必要先对何为机会进行一定的了解。

（1）机会。

机会是促进事物发展的客观机遇和契机，在现实生活中，存在各种各样的机会，如商机、战机、赛机等。机会拥有隐蔽性、偶然性、易逝性、时代性等特征，它本身是一种无形的事物，人们可以根据经验与智慧而意识到它的存在，但它永远都是隐藏在社会现象的背后，需要有心人的挖掘。机会在大多数情况下是偶然形成的，尽管它普遍存在于人们身边，但人们并不容易捕捉到它。然而，机会最显著的特性是它的易逝性，中国有句成语叫做“机不可失，时不再来”，就是对机会易逝性的最好说明。机会往往是社会所共有的，人们都在寻找机会，在激烈的竞争中，也许只是一时的迟疑，机会就会被别人抢走。可见，机会不是陈年的酒，而是春天的花，灿烂但短暂。时代是机会的土壤，好的时代能孕育出大量的机会，机会是与时代联系在一起的，孔子说：天下有道则见，无道则隐。邦有道，则仕；邦无道，则可卷而怀之。就是说，在有机会的好时代、好国家，知识分子应该出世建功立业，而碰上没有机会的时代，最好隐居起来等待时机，可见机会是具有时代性的。综上所述，机会本身包含着三层含义：第一，机会是一个时间概念，意味着短暂的某一时机；第二，机会是客观存在的，它的存在并不以人的意识为转移，但能否发掘并捕捉到它，则要看创业者的本事；第三，机会符合人们的某种需求，能给人的处境带来新的转机。机会无处不在，重点在于人们有没有发现机会的眼睛。

（2）商业机会。

商业机会是机会中的一种类型，特指实现某种商业盈利目的的可行突破口、切入点、环境、条件等。商业机会是商业行动的起点，一个人只有在发现商业机会后，才可能进一步考虑能否配置到必要的资源，以及如何利用这个商业机会去实现盈利的目的。对于商界人士及创业者而言，真正的商业机会比资金、团队的智慧、才能或可获得的资源更重要。

"创业教育之父"蒂蒙斯教授认为，创业过程始于商业机会，而不是资金、战略、网络、团队或商业计划。商业机会存在于生活的各个缝隙中，不同的人所能察觉到的商业机会也是千差万别的，有些人能够在日常的生活中发现商机，有些人会在行业的变化与更迭中捕捉商机，更有一些人会前瞻性地提出一些独到的创意，进而创造商机。商机包括创业商机、环境商机，显性商机、隐性商机，行业商机、边缘性商机等多种类型，能否看到并抓住商机取决于商界人士或创业者的敏感与智慧。

（3）创业机会。

创业机会是一种独特的商业机会，但至今并无统一的学术定义。国内外诸多学者都尝试从不同的层面和角度对其进行解释。例如，英国雷丁大学经济学教授卡森认为，创业机会是指在新生产方式、新产出或生产方式与产出之间新的关系形成过程中，引进新的产品、服务、原材料和组织方式等，得到比创业的成本具有更高价值的状态。柯兹纳认为，创业机会的初级形态是"未明确界定的某种市场需求，或未得到利用、也可能是未得到充分利用的资源和能力"。熊彼特指出，创业机会是通过把资源创造性地结合起来，以满足市场需求，创造财富的一种可能性。蒂蒙斯认为，创业机会的特征是具有吸引力、持久性和适时性，且伴随着可以为购买者或使用者创造或增加使用价值的产品或服务。亚奇维利认为，从获取预期消费者的角度来看，机会事实上意味着创业者探寻到的潜在价值。奥地利经济学派则认为，创业机会与商业机会的根本区别在于利润或价值创造潜力的差异，创业机会是一种独特的商业机会，它具有创造超额经济利润的潜力，而一般的商业机会只可能改善现有的利润水平。

综上所述，创业机会作为一种特殊的机会，可以理解为一种商业机会或市场机会。它是指较为持久的、有吸引力的和适时的一种商务活动的空间，并最终表现在能够为消费者或客户创造价值或增加价值的产品或服务过程中，同时能为创业者带来回报或实现创业目标。

二、创业机会的类型

企业所处的环境时刻在发生着变化，而在环境变化的同时消费需求也随之变化，市场客观上就存在许多尚未满足的需要，即商业机会。由于这些商业机会往往是因为环境变化而形成的，因此称为环境机会。当环境机会符合创业者的资源禀赋、能力与创业目标，即创业者能够开发利用，就可能转化为创业机会。因此，创业机会可以分为以下几种类型。

1. 显性的创业机会与潜在的创业机会

在市场上，明显没有被满足的现实需求，就是显性的创业机会；如果未能满足的需求尚未完全为人们意识到，是隐而未见的，那就是潜在的创业机会。显性的创业机会由于显而易见，抓住并利用这种机会的创业者较多，因而难以取得机会效益，即先于他人进入市场而取得的竞争优势和超额利润。潜在的创业机会虽然不易被人们发现和识别，寻找和识别难度大，但由于抓住和利用这种机会的创业者人数少，因而机会效益高。例如，1998年韩国世韩公司推出的世上第一台 MP3 播放器，这一款产品的诞生就是一个典型的潜在机会的挖掘和把握。在 1998 年，人们享受音乐还要借助于随身听，市场还是磁带的时代，当时的 CD 机还属于新生事物。但敏锐的商家已经预见到了一个颠覆性的音乐时代的到来。其实 MP3 播放器这类产品的技术含量并不高，任何一个经营电子类产品的企业都可以研发出来，因此抓住这个“小东西”蕴藏的财富的重点就在于是否意识到了它的价值，是否看到了它代表的未来。

2. 现实创业机会与未来创业机会

在当前的市场环境中出现的未被满足的需求，被称为现实的创业机会。在当前的市场上仅仅表现为一部分人的消费意向或少数人的需求，但随着环境的变化和时间的转移，在未来的市场上可能发展成为大多数人的消费倾向和大量的需求，则被称为未来的创业机会。创业者如果能寻求到并正确评价未来创业机会，提前开发产品或服务，并在机会到来之时迅速将其推向市场，则最易取得行业领先地位和竞争优势。这种机会效益较高，但本身也隐含着一定的风险性。例如，3D 打印机就是一款针对未来市场需求的高科技产品。3D 打印思想起源于 19 世纪末的美国，但当时并未得到推广，3D 打印机的正式诞生是在 20 世纪 80 年代后期，主要用于模具制造和工业设计等领域。2003 年之后，3D 打印技术得到了全世界范围的关注和推广，这一技术被运用到了土木工程、工业设计、工程与施工、航空航天、医疗产业等多个领域，未来还将努力渗透进教育、珠宝、汽车、地理信息系统甚至餐饮等行业，但 3D 打印技术的全面推广能否成功还要看市场的接受能力。创业者需要注意，重视未来创业机会并不意味着可以轻视当前的创业机会，否则企业将失去经营的现实基础。而对未来创业机会缺乏预见性和相应准备，对企业今后的发展也很不利。因此，创业者应将这两种创业机会的寻找和分析工作结合起来进行。

三、创业机会的来源

蒂蒙斯认为，创业机会主要是来自改变、混乱或是不连续的状况。德鲁克提出机会的七种来源包括意外之事，不协调，程序需要，产业和市场结构，人口变化，认知、意义和情绪上的变化，新知识。美国凯斯西储大学创业学教授谢恩的观点比较有代表性，他提出产生创业机会的四种变革包括技术变革、政治和制度变革、社会和人口结构变革与产业结构变革。目前，关于创业机会的来源，理论界尚未形成权威共识，但创业机会一定来自于需求和变化。

1. 市场的变化

创业者在寻找创业机会时，必须密切关注市场的变化，包括与经济发展阶段有关的新需求、由供需之间的差距形成的商业机会、市场缝隙中存在的空白等。市场的任何一个变化对于企业来说都会存在积极的作用和消极的影响，当企业面对市场的变化时，不能简单地被动适应，要学会积极思考，发现变化中蕴藏的商机。创业者需要具有敏锐的商业嗅觉，及时发现市场中发生的变化，以及变化中蕴藏的“不满”。因为普通人眼中的问题、嘴里的抱怨，在创业者的心里就意味着是机会。同时，创业者还需要了解市场上某种产品的供需关系，如果呈现出供不应求的状态，那么产品供需之间的差距也意味着财富。除此之外，创业者有必要深入分析竞争对手，了解竞争对手的缺陷和不足，并以此为切入点捕捉商机。

2. 技术的升级

新知识、新技术的出现不但能推动产业的升级也能够改变现有企业间的竞争手段和模式，进而激发出更多的商机。历史上每次划时代的创新成果往往都是通过创业进入市场，进而催生出一个或若干个庞大的产业部门，为社会带来巨大的财富。1876 年发明的电话成就了全球通信产业和诺基亚、摩托罗拉、贝尔、朗讯等一大批跨国公司；1885 年发明的汽车造就了通用、福特、宝马等一批世界级汽车业巨头；1903 年发明的飞机开创了波音、空客等公司辉煌的业绩；1946 年制造出来的第一台计算机使得 IBM 和英特尔成了 IT 业的霸主；个人 PC 机诞生于 1981 年，催生了微软、苹果等世界领先企业；1995 年前后电子商务投入市场，亚马逊、谷歌、阿里巴巴、雅虎等一批网络企业应运而生。

3. 政策的指向

政府出台的各项政策对于创业者来说就像是一根指挥棒，它指引着商机闪耀的方向。随着经济发展、社会变革、科技进步，政府必然会不断调整自己的政策，而政府政策的变化就必然给社会带来新的创业机会。创业者一定要紧跟政府的脚步，因为政府的意向一定会由政策来支撑，而在创业道路上获得一个政策支持的力量对于最终的成功是非常重要的。

四、创业机会的识别

1. 创业机会识别的定义

创业机会识别的本质是对市场需求的识别，生活中存在的问题和市场上出现的空缺都是未被满足的需求，创业者需要透过现象看到本质，从问题中发现机会。而创业机会的识别指的就是在现实或潜在的问题中看到未被满足的需求，并筛选出具有现实价值的市场需求的过程。创业机会的识别中包含两个过程，首先是看到问题暗示着的需求，即发现机会；其次是在若干需求中筛选出具有真实价值的创业机会。或者说创业机会识别是从若干的创意、想法或商业念头中筛选出具有现实或潜在价值的创业机会，或者就单一的创意从有无需求和满足方式两个方面进行识别，其结果往往形成一个商业概念，这一概念包括市场需求如何满足和资源如何配置等问题。

在识别过程中，主要是针对创意的市场需求进行分析，进而从创意中识别出具有市场需求且现实可行的创意。在综合考虑创业者和创业环境等方面因素的前提下，建立创业机会识别标准，针对被识别创意，通过对市场环境的系统分析以及一般的行业分析来判断该创意是否属于有利的创业机会，从而筛选出具有市场需求、有价值的创意。创业者面对不同层面的市场需求，可能会产生很多创意和商业想法，但其中会有一些是在现实条件下无法实现的，只有少量的想法经得起推敲或能够通过随后进行的技术性、经济性等方面的分析。创业机会识别的主要意义是剔除明显不合理的创意与想法，为创业机会的形成降低不确定性和减少工作量。

2. 影响创业机会识别的关键因素

识别和选择合适的创业机会是创业者最为重要的能力。识别创业机会受到历史经验等多种因素的影响，因为从本质上说，机会识别是一种主观色彩浓厚的行为过程。

根据现有的文献研究，影响机会识别的关键因素主要集中在创业者的商业敏感度、先前的经验、认知因素、社会关系网络等几个方面。

（1）商业敏感度。

创业者与普通人的不同在于，他总是自发地关注他人忽略的市场环境特征。敏感的创业者时刻注意着市场，对机会存在的潜在性保持着警觉、警惕以及洞察力，一旦发现创业机会就会采取相应行动并努力获取利润。

纽约大学经济学教授柯兹纳认为，创业警觉性对机会发现具有关键的影响。由于个人在知识上不是全能的，所以他不可能发现所有的创业机会，只有具有警觉性的创业者才可能发现机会并利用机会而获得利润。

由于认知上的偏差和可能的错误，先入市场的创业者可能会遗漏一些创业机会，后来的创业者因为知识的增加就会敏锐地发现机会。可以说，正是创业者对机会的警觉发现使得非均衡的市场过程逐渐趋向于均衡，创业者在由非均衡的市场向均衡市场转变过程中能够发现利于自己发展的创业机会。

（2）先前的经验。

创业者的先前经验是识别机会的认知基础，在机会识别过程中起着非常重要的作用。先前经验的积累受创业者既往的工作经历、创业经历以及所接受过的教育培训等方面的影响。

有学者提出：个体先前工作经验中所积累的顾客问题知识、市场服务方式知识、市场知识造就了创业者的“知识走廊”，导致创业者在面对同样的机会信息时，解读出的往往是与其先前知识密切关联的机会。

创业者自身的知识和经验可以为创业者在机会识别过程中提供重要参考。不少研究表明，经验丰富的创业者掌握了有关市场、产品、资源等有价值知识，因而强化了其发现创业机会的能力。有创业经历的创业者则因体验过机会发现过程，积累了洞察信息、发现机会的隐性知识，有助于强化其对机会信息的警觉性，从而更容易识别到新的创业机会。

1989 年，对美国 500 强企业创建者的调查报告显示，43%的被调查者是在为同一产业内企业工作期间获得新企业创意的。这个结果与美国独立工商企业联合会的研究相一致。

（3）认知因素。

认知过程是产生创意、激发创造力、识别机会的基础。认知因素（如创业意识、创新思维等）本身就是创业能力的重要组成部分，是个体创业机会识别的重要前提。

创业机会的发现取决于两个必要条件：第一，个体获取承载创业机会的信息；第二，个体合理解读这些信息并识别其中蕴含的价值。机会认知就是感知和认识到机会，就是合理解读信息并识别出其中蕴含价值的过程。

创业认知因素结构通常是由商机、资源、组织、管理、风险和利益等一系列相关因素的结构化知识所组成的。研究表明，良好的创业认知因素结构在创业中具有重要的作用，有助于创业者识别机会、构建商业模式、整合资源、制定创业计划。创业者创业认知因素结构的建立，可成为其学习新创业知识和感知市场信息的极为重要的能量或基础，从而促进创业者的创业警觉性，使其更能敏锐感知到市场的变化，并迅速洞察这种变化所带来的商业价值。

（4）社会关系网络。

很多创意来自于企业外部。要想及时而经济地获得这些创意，就必须与外部的社会建立广泛的联系。社会关系网络不仅可提供孕育创意的土壤，其深度和广度也影响着机会的识别。

创业者的社会关系网络是其在长期的生活中积累的人脉，人脉会提供许多重要的信息和资源，这些信息和资源有助于发现创业机会。创业者往往在社会交往过程中获得承载机会的信息并发现创业机会。利用社会网络资源获悉创业机会的创业者将比单独的创业者识别出更多的机会。

3. 识别创业机会的一般过程

识别创业机会包括五个步骤，分别是发现问题、挖掘需求、产生创意、筛选创意和明确机会，如图 12－1 所示。

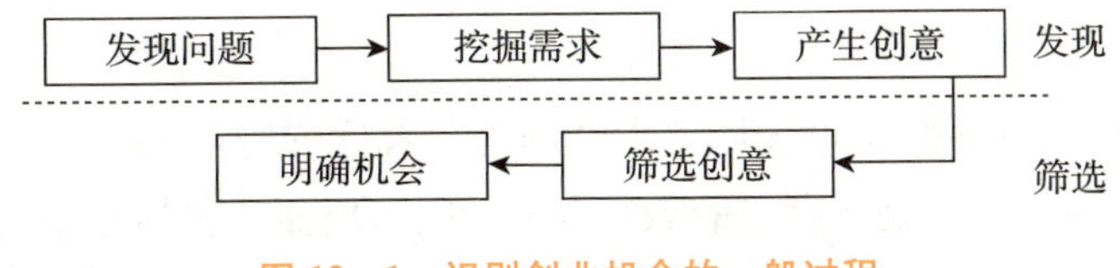

图 12－1　识别创业机会的一般过程

（1）发现问题。

识别创业机会的起点为搜集宏观环境、行业环境、人民日常生活等不同层面中存在的“问题”。创业者需要具有强烈的商业敏感性，要能够感知到身边的每一个变化，甚至每一句抱怨，并有意识地去分析这些问题。因为这些“问题”往往就代表着机会。这些“问题”的发现和整理就是创业机会相关信息的收集过程，它是识别创业机会的基础性工作。

“牛仔裤”的诞生

美国“牛仔大王”李维斯的故事多年来为人们津津乐道。

19 世纪 50 年代，李维斯像许多年轻人一样，带着发财梦前往美国西部淘金，途中一条大河拦住了去路，于是李维斯设法租船，做起了摆渡生意，结果赚了不少钱。在矿场，李维斯发现采矿出汗多，饮用水紧张，于是，别人采矿他卖水，又赚了不少钱。李维斯还发现，由于跪地采矿，许多淘金者裤子的膝盖部分容易磨破，而矿区有许多被人丢弃的帆布帐篷，他就把这些旧帐篷收集起来洗干净，做成裤子销售，于是“牛仔裤”就这样诞生了。

李维斯将一个个问题都变成了商机，最终实现了他的财富梦想。

（2）挖掘需求。

当创业者搜集了大量的“问题”之后，需要对“问题”背后的商业需求进行挖掘。因为需求的挖掘与明确能够帮助创业者更好地产生创业想法和商业创意。例如，当听到家人抱怨豆浆机不好清理时，敏锐的创业者就应该立即意识到这些抱怨代表着豆浆机这款产品本身存在缺陷，它无法满足使用者更加便捷的使用需求，此时，推出更高效、更简洁、更易清洗的豆浆机就成为了创业者挖掘出的一个商机。再如，当创业者看到中国的大型商场和超市里经常有很多老年人围在一起，他们大多数时候并不购买商品，围在热闹的商场中只是为了排解寂寞，此时，就应该意识到这些老人有强烈的孤独感，他们需要一个“去处”，一个让老年人可以沟通、交流、娱乐的地方，因此老年人的文娱市场的开发就成为了创业者可以尝试的另外一个商机。所以，当创业者收集了大量的创业机会信息之后，有必要对其背后的需求进行分析，以保证创意的现实性。

（3）产生创意。

当创业者收集了“问题”，也提取出了“问题”背后的需求之后，就需进入针对需求产生创意的阶段。有时“问题”背后的需求会分为很多层面，包括基本的需求、高级的需求等，创业者在针对需求产生创意的过程中必须充分考虑各个层面的需求的特点。同时，为了保证创意的现实性，创业者也需要结合市场氛围、个人先前经验、个人资源拥有情况的因素客观、合理地对创业想法进行构思。例如，成立于2000年的广州丸美生物技术股份有限公司就是在中国化妆品行业仍风靡于“水乳霜”（化妆水，面霜，乳液）组合时，敏锐地发现中高端女性眼霜市场的巨大潜力，并率先进入该领域。十余年的时间，丸美已经成为中国当之无愧的女性眼霜领导者。而公司的创立者孙怀庆当年对那薄的只有0.03毫米的眼部皮肤的重视正是促成丸美今日辉煌的关键。

（4）筛选创意。

商机无处不在，如果创业者能打开“慧眼”，在生活中就可以发现大量的机会。但并不是所有的机会都具有现实的价值，有很多机会是创业者无法驾驭的。创业者产生了大量的创业想法之后，需要根据实际情况对众多创业想法和商业创意进行分析和筛选。这个阶段是整个创业机会识别过程中最重要的一环，它直接影响创业机会的质量，甚至影响创业的成功率。创业者必须针对挖掘出的每一个创业想法，进行认真、仔细、客观的分析，从市场需求强度、行业竞争状况、技术含量、替代品威胁、自身资源支撑能力等多个维度进行筛选，最终挑选出真正适合自己的创业机会。

（5）明确机会。

创业者经过客观、准确的分析与筛选之后，自然就产生了既有现实价值，创业者自身又可以支撑的创业机会。此时，创业者有必要针对这个自己的“真命天子”进行“再认识”。例如，这个创业项目未来可能会面对哪些行业的冲击，又有可能会享受到哪些政策支持，这个项目最核心的价值是什么，它的资源需求情况、潜在的竞争压力、运营它的重点在哪里等。

“淘宝B店”和“淘宝C店”

B店是B2C的简称，也就是Business to Customer的简称，简单说就是企业对顾客，淘宝商城就是这种类型的，是企业或者公司直接销售给普通顾客的模式，淘宝B店指的就是淘宝商城。

C店是C2C的简称，也就是Customer to Customer的简称，英文意思是消费者对消费者，也就是个体工商户直接面对普通顾客的一种模式。淘宝上的普通店都叫C店或者叫集市店。

淘宝B店和淘宝C店是很好区分的，淘宝商城的店铺最上侧显示的都是淘宝商城，而C店，也就是普通店，店铺最上边显示的都是店铺信誉和掌柜旺旺号。淘宝商城是看不出来信誉的，没有“钻石”也没有“皇冠”。淘宝B店需要有营业执照、税务登记证，需通过淘宝认证，加入就要交16 000元，以后每年需交6 000元的费用，还需交货物售出后的实时技术服务费，其管理也比较严格。

4. 创业机会的识别途径

（1）创业网站。

随着中国创业经济体系的建立，各种类型、各种规模的创业信息网站、创业项目网站如雨后春笋般出现。创业者在寻找创业机会、挖掘创业想法时不妨借力于这些专门的创业服务网站，通过它们来了解目前市场上出现了哪些新颖的产品或新奇的服务，出台了哪些创业优惠政策等，并学会客观分析各个创业项目的实际财富潜力。

（2）搜索引擎。

在收集创业机会的过程中，创业者也可以借助于网络搜索引擎，如百度、谷歌、搜狗等来获取信息。但网络搜索引擎在创业者创业项目的寻找和筛选的过程中只能扮演“配角”，起辅助性的作用。创业者不可以完全依赖网络搜索引擎，在创业项目的寻找过程中必须坚持多途径、多平台的结合。网络搜索引擎只能帮助创业者明确某些概念或理论，在项目的评价与筛选方面，创业者必须根据客观现实进行评断。

（3）社交网络。

创业者发现问题、挖掘商机的途径是非常丰富的，除了以广播、电视为代表的传统媒体和以互联网为代表的新兴媒体之外，创业者还可以通过“线上”和“线下”的社交网络来搜集问题，激发创意。

1）线上社交。线上社交网络指的是以网络作为交流的平台，通过网络而搭建起的社交关系。创业者不能是一个封闭的人，他必须打开自己的眼、耳、口、鼻，努力地接收外界的各种信息，同时也要强化自己与外界的沟通，让自己通过与各界人士的有效交流来增长见识，扩宽视野，搜集问题，激发创意。近几年来，我国随着互联网的成熟与普及涌现出了大量高品质的社交网站，如知乎、朋友圈、Twitter、SNS社交网络等，这些网络社交平台每日都会针对行业热点问题进行讨论，其中不乏充满创意的观点，创业者在与这些志同道合者交流的过程中自然可以加深自己对事物的理解和认识，丰富商业知识，甚至找到创业团队的合适成员。

2）线下社交。除了虚拟的线上社交平台之外，创业者也可以利用自己身边的社交网络来获取创业信息，激发创业灵感。创业者要学会充分利用现有人脉资源，包括家人、同学、朋友、同事、客户等，并尝试基于现有人脉关系网编织更为广阔的人脉网络。著名的六度空间理论认为，一个人和任何一个陌生人之间所间隔的人不会超过五个，也就是说，最多通过五个中间人这个人就能够认识任何一个陌生人。所以，创业者要充分利用现有人脉资源，拓展人际关系网，并不断吸取人际关系网上蕴藏的价值。创业者在利用社交网络时，要具有一定的沟通技巧，要会说，更要会听。因为很多宝贵的信息也许就藏在一句平常的言语之中，创业者要时刻保持明锐和警醒。

小知识

创业者有必要了解的社交网站

1. 新浪微博（www.weibo.com）

网站简介：新浪微博是全中国最主流、最具人气、当前最火爆的微博产品。用一句话随意记录生活，用手机随时随地发微博，迅速获取最热、最火、最快、最酷、最新的资讯。

2. 豆瓣（www.douban.com）

网站简介：豆瓣可提供图书、电影、音乐唱片的推荐、评论和价格比较，以及城市独特的文化生活。

3. QQ空间（qzone.qq.com）

网站简介：QQ空间（Qzone）是中国最大的社交网络，是QQ用户的网上家园，是腾讯集团的核心平台之一。用户可以玩游戏、玩装扮、上传照片、写说说、写日志，黄钻贵族还可以免费换装并拥有多种特权。

4. 腾讯微博（t.qq.com）

网站简介：腾讯微博是一个由腾讯推出，提供微型博客服务的“类Twitter”网站。用140个字记录生活中的点点滴滴，和朋友、同事一同分享无处不在的乐趣和感动，更可以结识志同道合的朋友，聊聊大家都感兴趣的话题。

5. 知乎（http://www.zhihu.com）

网站简介：知乎网站于2010年12月开放，三个月后获得了李开复的天使投资，一年后获得启明创投的近千万美元。知乎网站是一个真实的网络问答社区，社区氛围友好、理性、认真，连接各行各业的精英。他们分享着彼此的专业知识、经验和见解，为中文互联网源源不断地提供高质量的信息。

6. 创业伙伴网（17gan8.com）

网站简介：创业伙伴网是国内首家实名制创业平台，专注于为有创业梦想的人群打造真实诚信的创业资源平台。其可提供寻找创业伙伴、组建创业团队、创业融资、建立组织机构等咨询和服务，让创业者实现轻松起步。

7. 90后创业论坛（http://ghghok.5d6d.com）

网站简介：90后创业论坛是一个网络综合社区，创建于2009年9月5日，是一个专业型90后创业交流平台。90后创业论坛仅定位于1990年以后出生的创业者、梦想者，所有用户及内容都来自于对创业梦想的执着、对成功的自豪。

8. 创投圈（www.vc.cn）

网站简介：创投圈成立于2011年6月，是由天使会（徐小平、李开复、雷军、曾李青、何伯权、包凡、蔡文胜、季琦、倪正东、吕谭平、杨向阳）和创新工场共同投资的第一家公司。

（4）政府平台。

中国正在努力打造创业经济体系，政府为构建健康有序的创业氛围，在创业意识的渗透、创业教育的开展、创业平台的搭建、创业活动的指引等各个方面做出了巨大的努力。创业者需要时刻关注政府的动作，学会利用政府为创业者搭建的各种平台。例如，关注人力资源与社会保障部发布的关于创业的一些公告信息，关注各地的劳动就业创业服务网站等。同时，创业者也需要收集一些创业公益组织的信息，并尝试与他们建立联系，以获得更多的资源支持。例如，中国国际青年创业计划（YBC）就是一个很好的求助平台。

（5）市场调查。

创业者在寻找创业机会的过程中既可以借助于各种媒体，也可以借力于自身的人际关系圈，但不能一味地通过第三方来获取信息。创业者有必要走进市场切身感受真实的情况，用自己的眼、耳、口、鼻、手、脚去验证从互联网、电视、广播、报纸、杂志、社交圈里获得的信息和想法是否真实。因此，创业者要放下身段走进市场收集第一手资料。特别是，在对创业想法进行分析和筛选的过程中切记被动地听第三者的观点和建议，自己要用实地的调查来验证想法。

市场调查可以有很多种不同的方法，例如，观察、访谈、问卷调查等。观察法是指通过直接观察取得第一手资料的调查方法。创业者可以直接到商店、订货会、展销会或消费者比较集中的场所，借助于照相机、录音机或直接用笔录的方式，身临其境地进行观察记录，从而获得重要的市场信息资料。这种方法的优点是可以客观地收集资料，可以集中了解问题。不足之处在于许多问题观察不到，如被调查者的兴趣、偏好、心理感受、购买动机、态度、看法等。而访谈法则可以避免观察法的一些不足，创业者可以通过双向沟通的方式了解信息。问卷法是指通过设计问卷的方式向被调查者了解市场情况的一种方法。按照问卷发放的途径不同，可分为当面调查、通信调查、电话调查、留置调查四种。当面调查，即亲自登门调查，按事先设计好的问卷，有顺序地依次发问，让被调查者回答。通信调查，是将调查表或问卷邮寄给被调查者，由被调查者填妥后寄还的一种调查方法，这种调查的缺点是问卷的回收率低。电话调查是指按照事先设计好的问卷，通过电话向被调查者询问或征求意见的一种调查方法。其优点是取得信息快，节省时间，回答率较高；其缺点是询问时间不能太长。留置调查指调查人员将问卷或调查表当面交给被调查者，由被调查者事后自行填写，再由调查人员约定时间收回的一种调查方法。这种方法可以留给被调查人员充分的独立思考时间，可避免受调查人员倾向性意见的影响，从而减少误差，提高调查质量。

小知识

选择项目的四项基本原则

选择项目的四项原则，见图 12－2。

原则一：做自己最擅长的事。

原则二：做自己最喜欢的事。

原则三：做自己最熟悉的事。

原则四：做自己有人脉的事。

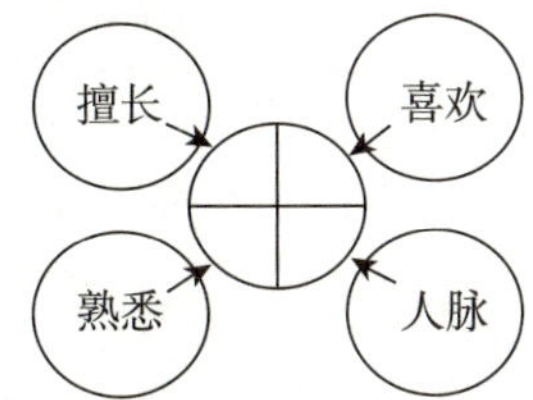

图 12－2　选择项目的四项基本原则

课外拓展

创业机会判断

以下是通过对 11 个选择因素的设定来对创业机会进行判断，见表 12－1。如果某个创业机会只符合其中的 6 个指标或更少，这个创业机会就很可能不可取。相反，如果某个创业机会符合其中的 7 个指标甚至更多，那么这个创业机会的成功概率将相对较高。

表 12－1　创业因素满足情况

序号	因素	满足情况
1	这个创业机会在现阶段是否只有创业者本人发现了	□是　□否
2	产品初始生产成本是否是创业者可以承受的	□是　□否
3	创业机会市场初始开发成本能否接受	□是　□否
4	新企业的产品是否具有高利润回报的潜力	□是　□否
5	是否可以预期产品投放市场和达到盈亏平衡点的时间	□是　□否
6	创业机会潜在的市场是否巨大	□是　□否
7	创业者的产品是否是一个快速成长的产品系列中的第一个产品	□是　□否
8	创业者是否拥有一些现成的初始客户	□是　□否

续前表

序号	因素	满足情况
9	创业者是否可预期产品的开发成本和开发周期	□是 □否
10	新企业是否处于一个成长中的行业	□是 □否
11	金融界是否能理解企业的产品和消费者对它的需求	□是 □否

活动：运用这个方法，与同学们讨论某个创业计划，确定是不是创业机会。

思考题

1. 什么是创业机会？
2. 创业机会有哪些类型？
3. 如何捕捉创业机会？
4. 如何识别创业机会的价值？

主题十三　创业风险

重要知识点

1. 创业风险的特征。
2. 创业风险的防范策略。

案例引导

创业的机会成本

张乐和李悦是大学同学，同时进了一家大公司从小职员做起。张乐权衡再三，选择了创业，辞去了在公司的职务。李悦认为自己不适合创业，于是老老实实地做一个本分的小职员。对张乐而言，他就面临着机会成本风险，因为如果不去创业，张乐尚有一个职业，现在辞去工作，不仅失去稳定的薪水，而且连医疗保险、退休金、住房福利等都没有了。假如张乐将来创业成功，有着发展前景良好的企业，和李悦相比，张乐真正有了自己的企业，而李悦尽管工作勤奋，即使做上公司总经理，也不过是一辈子为他人打工。但如果张乐创业失败了，几年以后不得不到一家公司去做小职员，那么相对李悦而言，张乐不仅失去了几年的福利，而且也失去了几年的工作资历，另外，年龄的原因也会使张乐丧失一些机会。

[小提示]

创业机会成本风险是每个创业者应认真考虑的问题。如果创业者认为目前创业时机成熟，正好有一个绝佳的商业机会，那么就狠下决心，立即着手创业。如果觉得没有什么太好的商业机会，而且自己对公司经营运作管理知之甚少，就可以暂时不辞去工作，而是边工作边认真观察，看看所在公司的领导层是如何工作的，甚至有心学习所在公司开拓市场的技巧，以及公司老总管理公司的技巧。平时可设身处地将自己当作公司老总，对不同的情况做出决定，然后和公司老总的决定比较，让事实检验自己的决定正确与否。另外，创业者还可以一边为其他公司打工，一边留心建立良好的商业关系网，等待时机成熟时，再开始创业。

我们在赞美创业、鼓励创业、支持创业的同时，也应该清醒地认识到，创业同时也是一项非常艰辛的事业，创业过程中不仅仅充满兴奋和激动，面对更多的是压力和风险，稍有不慎就可能血本无归。因此，任何人在创业之初都有必要了解风险、认识风险，要有风险意识及规避风险的各种准备。

一、创业风险的定义与特征

1. 创业风险的定义

风险在我们日常生活中经常会遇到，一提起风险，人们往往唯恐避之不及。一般认为，风险是在一定的失控条件下，由于各种因素复杂性和变动性的影响，使实际结果与预测发生背离而导致利益损失的可能性。所谓创业风险，是指由于创业环境的不确定性，创业机会与新企业的复杂性，创业者、创业团队与创业投资者的能力的有限性，而导致创业活动偏离预期目标的可能性及后果。

2. 创业风险的特征

创业风险主要存在四方面特征：客观存在性、不确定性、损益双重性、相关性。

（1）客观存在性。

创业风险是客观存在的，是不以人的意志为转移的。在创业的过程中，由于内外部事物发展的不确定性的客观存在，创业风险也必然是客观存在的。创业风险的这一特性要求创业者采取正确的态度承认和正视创业风险，并积极对待创业风险。面对创业风险，创业者也许无法改变什么，但可以选择积极适应，并在风险中寻找转机。

（2）不确定性。

创业的过程往往是将创业者的某一个“奇思妙想”或创新技术变为现实的产品或服务的过程。在这一过程中，创业者面临各种各样的不确定性，如突然爆发的全球金融危机、行业竞争对手的集体进攻、技术的发展与转化瓶颈等。这些情况的发生有内部的必然性和外部的偶然性，这就导致创业过程中的很多因素会不断变化，难以预知，这种难以预知性造成了创业风险的不确定性。

（3）损益双重性。

风险是与机遇并存的，企业在面临某一种风险时，如果可以及时调整战略、战术，完全可以将风险转化为商机。所以，创业风险对于企业来说，不是仅有负面的影响，创业者如果能够正确地认识并且充分分析并利用创业风险，反而会从中获得收益。

（4）相关性。

创业者面临的风险与其创业行为及决策是紧密相连的。同一风险事件对不同的创业者会产生不同的风险，同一创业者由于其决策或采取的策略不同，会面临不同的风险结果。

二、创业风险的主要类型

1. 机会风险

创业者选择创业也就是放弃了自己原先所从事的职业。一个人只能做一件事，选择创业就丧失了其他就业选择，这就是所谓的机会成本风险。

2. 技术风险

技术风险是指在企业产品创新过程中，因技术因素导致创新失败的可能性。

（1）技术上成功的不确定性。

技术从研究开发到实现产品化、产业化的过程中，任何一个环节的技术障碍，都将使产品创新前功尽弃，归于失败。很多创业企业，在技术产业化实施过程中屡试屡败，其中的原因是多方面的。当用血汗赚来的资金或以家产抵押来的创业资金将要耗尽时，却还是没有生产出合格的产品，这样的事例很多。

（2）技术前景的不确定性。

新技术在诞生之初都是不完善的、粗糙的，能否很快使其完善起来，工程师和创业企业的管理者都没有把握。很多创业者在创业之初，声称是在“赌工程师”。一些在实验室运作很好的技术，到了生产车间，按照实验室的工艺条件，要么很难实现，要么就是实现不了。因为工业化生产与实验室是不可能完全相同的，工程师常常忽视了不该忽视的技术环节及其他制约条件。如果赖以创业的技术不能够实现工业化，也将造成创业夭折。

（3）技术效果的不确定性。

高新技术产品即使能成功地开发、生产，但一般在事先也难以确定其效果。例如，有的技术有副作用，会造成环境污染、破坏生态环境等，则有可能受到限制而不能实施。或者达不到创业前所预期的效果，也会造成巨大的损失，甚至使创业夭折。

（4）技术寿命的不确定性。

高新技术产品的重要特点之一就是寿命周期短、更新换代快。由于高新技术产品的寿命周期越来越短，对依托高新技术产品的创业者而言，如果不能在高新技术寿命周期内迅速实现产业化，收回初始投资并取得利润，那么必将遭受巨大的损失。

3. 市场风险

市场风险是指市场主体从事经济活动所面临的盈利或亏损的可能性和不确定性。

（1）市场需求量。

市场需求量决定了产品的市场商业总价值。很多创业者在制定创业计划时，常常会根据调查的数据进行主观的推理，结果可能过高地估计市场的需求量。如果一项高新技术产品的投入巨大，而产品的市场需求量较小或者短期内不能为市场所接受，那么产品的市场价值就无法实现，投资就无法收回，容易造成创业夭折。

（2）市场接受时间。

一种全新的产品打开市场需要一定的过程与时间。若创业企业缺乏雄厚的财力投入到广告宣传中去，产品为市场接受的过程就会更长，因而不可避免地出现产品销售不畅，造成产品积压，从而给创业企业资金周转带来困难。如世界著名的贝尔实验室在 20 世纪 50 年代就推出了图像电话，但直到 20 年后，才开始商业应用。1959 年，IBM 预测施乐 914 复印机在 10 年内仅能销售 5 000 台，从而拒绝了与研制该产品的哈罗德公司的技术合作，然而复印技术被迅速采用，10 年内已改名为施乐公司的哈罗德公司销售了 20 万台施乐 914，成为了一个市价 10 亿美元的大公司。

（3）市场价格。

高新技术产品的研制开发成本一般较高，为了实现高投入的高收益，产品定价一般很高。但是，产品价格若超出市场的承受力，就很难被市场接受，技术产品的商业化、产业化就无法实现，就无法收回投资。如国外已有人在特定条件下人工合成了金刚石，但其成本比天然金刚石的价格高得多，因此，目前人工合成金刚石还难以实现商业应用。另外，当这种新产品逐渐被市场接受和吸纳时，其高额的利润会吸引来众多的竞争者，可能造成供大于求的局面，导致价格下跌，从而影响高新技术产品的投资回报。

（4）市场战略。

一种好的高新技术产品，如果没有好的市场战略策划，如果在价格定位、用户选择、上市时机、市场区域划分等方面出现失误，就会给产品的市场开拓造成困难，甚至功亏一篑。

4. 资金风险

资金风险是指因资金不能适时供应而导致创业失败的可能性。依托高技术产品进行创业，需要的创业资金有两个特点：一是资金规模较大，二是融资渠道少。对于新创企业，资金缺乏是最普遍的问题，如果创业者不能及时解决资金问题，非常容易造成创业夭折。对于高新技术创业活动，如果由于资金不能及时供应，导致高新技术迟迟不能产业化，很容易使其技术价值随着时间的推移不断贬值，甚至很快被后面的竞争对手超出，而使初始投入付之东流。

在资金风险中，一个不可忽视的因素是通货膨胀问题。当发生通货膨胀的时候，政府一般会采取紧缩银根的金融政策，致使利率上升，使贷款成本随之增加，或难以得到贷款，从而导致“转化”资金紧张甚至中断。同时，通货膨胀出现后，会拉动“转化”过程中使用的材料、设备等成本上升，使资金入不敷出。如果资金来源是风险投资公司，由于通货膨胀引起的股市和汇率的波动，也会使投资者承担一定的资金风险。

5. 管理风险

管理风险的大小主要由下列因素决定。

（1）管理者素质。

一个优秀的创业家，可以不具备精深的技术知识，但必须具备以下素质：具有强烈的创业精神与创新意识和欲望，不墨守成规，不人云亦云；具有追求成就的强烈欲望，富于冒险精神、献身精神和忍耐力；具有敏锐的机会意识和高超的决策水平，善于发现机会、把握机会并利用机会；具有强烈的责任感和自信心，敢于在困境中奋斗，在低谷中崛起。发达国家的高新技术产品创新的成功经验之一，就是技术专家、管理专家、财务专家、营销专家的有机组合，形成企业管理的整体优势，从而为高新技术产品创新奠定坚实的组织基础。那种由技术所有者包揽一切，集众权于一身的家长式管理，往往由于管理水平、管理模式等方面的问题，易导致创业夭折。

（2）决策风险。

经济学家西蒙曾说："管理就是决策。"由于决策而造成失败的事例实在是太多了。对于创业者而言，决不可以根据自己的喜怒哀乐或不切合实际的个人偏好而做出决策，不进行科学分析，仅凭个人经验或凭运气的决策方式都可能导致惨重的失败。创业有风险，需要慎重决策。

（3）组织风险。

组织风险即由于创业企业的组织结构不合理所带来的风险。创业企业的迅速发展如果不伴随着组织结构的相应调整，往往会成为创业企业潜在危机的根源。其中管理体制的不畅是主要原因之一。因此，对于新创企业，创业者从最开始就应该注意组织结构的设计、调整，人力资源的甄选、考评，薪酬的设计及学习与培训等管理，从创业初始就需要建立健全各种规章制度，并建立起企业文化。

6. 环境风险

环境风险是指一项高新技术产品创新活动由于所处的社会、政策、法律等环境变化，或由于意外灾害发生而造成创新失败的可能性。因此，高新技术产品创新，必须重视环境风险的分析和预测，把环境风险降到最低限度。

（1）政策风险。

对创业者而言，国家和地方政府所采取的政策对其创业的风险度有一定的影响。国内对创业环境的限制政策主要是通过间接施加影响来进行的。例如，通过征收个人收入调节税，调节消费者的收入从而影响消费者的需求和购买力。国家还可以通过增加产品税来抑制某些商品的需求，如对香烟、酒类等产品征收较高的税收来影响消费者的需求。这些政策必然会影响市场环境、社会购买力，进而影响到创业者的生产经营方向。

（2）法律风险。

法律、法规的制定和修改，都会对创业者产生影响。政府会采取某些事后的行政措施或法律手段来限制某些已经开发成功的高新技术产品的生产、销售和使用。例如，近年来国内外有很多企业开发了转基因食品，曾经被有关国家政府部门明令禁止销售，由此导致所有创业收入转化为沉没成本，创业者根本得不到任何商业利益。目前，我国对于新企业的立法还存在很多政策、法规空白，这易造成法律上的风险。

（3）宏观经济风险。

宏观经济风险是因为国家宏观经济状况、产业政策、利率变动以及汇率的稳定性等因素所带来的损失的风险。任何新企业的创建都必须依托所在国家和地区的经济环境，利率、价格水平、通货膨胀等因素的变化以及金融、资本市场的层次、规模、健全程度等都会带来很大的不确定性，使创业者暴露在风险之中。

（4）自然风险。

我国幅员辽阔，是世界上主要的“气候脆弱区”之一，自然灾害频发、分布广、损失大，是世界上自然灾害最严重的国家之一。随着我国经济的快速增长，天气、气候灾害造成损失的绝对值越来越大。这些自然灾害也属于创业者面临的风险。

三、创业风险的防范策略

1. 提升文化素养

文化素质是一种看不见但能感觉到的品质，是在知识社会中长久保持成功必须具备的品质。低学历的创业者不必过分担忧自己的文化素质，因为文化素质是可以通过多读书、勤思考逐步培养起来的。一个创业者要想全方位地提高自己的文化修养，只要在每天辛勤工作的同时，认真学习文化修养的主要内容即可。一个人的文化素质一般集中体现在思想道德、专业知识和思维方式上。

思想道德素质是创业者文化素质中最主要的方面，是青年人创业成功的必备条件。现代社会创业的特点是“相互依存”，完全依靠个人的力量是难以成功的，只有通过真诚的合作才能得到真正的利益。从古至今事业上的成功者，尤其是成功的商界人士，都特别重视自己的思想道德修养。这并不是要求每位创业者只能奉献而不能索取，而是指创业者对待客户和社会的态度。在当今社会，众多商家早已将顾客当作上帝，目的是为顾客创造最大价值的同时也给自己带来最大利润。卖方市场时，有的商人唯利是图，挖空心思以次充好，牟取暴利，以致最终落得个身败名裂的下场；买方市场时，作为卖方的商家绝不能有愚弄顾客的想法，应以优质的产品、真诚的服务来赢得顾客的青睐。谁能为顾客带来更多的便利、创造更多的价值，谁就能在商场上立于不败之地。创业者在创办商业机构的选择上，在公司的运作经营上，不能只将心思全部用在如何赚钱上，而是要思考自己所创立的事业是否能给众多的人带来更多的幸福和便利。因为创业者的辛勤劳动成果只有在实现社会价值时才能实现自身价值。专业知识是指一定范围内相对稳定的系统化知识。对于创业者而言，需不断学习与管理企业相关的专业知识。

人的文化修养不仅体现在思想道德和专业知识方面，而且也集中体现在人的思维方式上，可以说人的思维方式是文化素质的最终表现形式。作为一个创业者，要时时刻刻勇于打破自己的思维定式。因为有的时候不是没有机会，而是由于创业者存在思维定式而对某些宝贵的机遇视而不见，从而错过了许多时机。创业者每当觉得事情没有转机的时候，就应有意识地跳出自己的思维模式，“难则思变”，就会豁然开朗。

文化素质的修养不是一日之功，需要创业者平日多学习积累，遇到事情时多思考总结。平常创业者事务繁忙，不是忙着整理账务，就是忙着与人谈判、吃饭应酬。聪明的创业者应该认真思考一下哪些是必须要做的，尽量把自己的生活条理化，每天抽出固定的时间思考自己一天来的所作所为，进行分析、总结，并且留一段时间读书。日积月累，创业者就会慢慢发现自己的生活变得很有规律，而且自己的头脑变得非常灵活、善于思考，这也意味着创业者的文化素质得到了不断提高。

2. 强化政治洞察力

创业者在活动中，两只眼睛不能只是盯着市场，还要紧紧地盯着政府。只盯着市场的创业者是在用一条腿走路，是走不快的，而同时盯着市场和政府的创业者则是用两条腿走路，他们不仅能够走出快捷平衡的步伐，而且可以飞奔起来。目光长远的创业者最有可能获胜，根据自己掌握的政治信息，提前为创业做好决策，一旦形势发生转变，已经做好创业决策的创业者就能立即行动，迅速出击。创业者的政治敏锐性体现在以下两方面：

（1）关注政府行为，从政府行为中找到有用的信息，确定投资方向。这一点并不是每个人都能做到的，因为大多数创业者缺乏战略性的眼光和无所畏惧的魄力。

（2）透过政治表象，看到事物本质，抓住政治信息，提前做出决策。这种要求说起来容易，但做起来并没有那么简单。政治现象远远要比经济现象复杂，它常常扑朔迷离，千变万化。没有丰富的社会经验和深邃的洞察能力，是不可能捕捉到真实的政治信息的。辨别真假政治信息就是要透过政治表象，看到事物的本质，发现事物发展的最后态势，并以此来指导自己的各项行动，做出正确的决策。

3. 提高市场判断力

世界经济的发展表明，每当时代性、行业性的大机遇出现时，必然会造就一大批大企业家。一个人如果能看到并抓住这种大的时代性、行业性的机会，再加上自身的努力经营，往往会成为卓越的成功者。但是，抓住大的市场机遇是不容易的，这与机遇本身的特点有关。市场机遇的特点主要有以下几个方面。

（1）市场机遇具有极强的渗透性，它无处不在、无时不有，广泛渗透于政治、经济、军事、文化、卫生、体育等各种领域，这就要求企业家们“无孔不入，无缝不钻”。

（2）市场机遇具有很深的隐蔽性，它不像浮萍一样漂浮在水面，而是隐藏在市场的深处，越是大机遇，隐蔽得就越深越远，不易被一般人发现，只有成功者才能透过纷杂的表象发现本质，透过偶然看到必然，甚至穿过假象和危机寻找机会。

（3）市场机遇是不可逆转的，稍纵即逝，可谓“机不可失，时不再来”。

市场机遇的三个特点让很多在商海弄潮的人感到它是一种很难把握的怪东西，以致有人感叹“生意难做”“机会难找”。那么，人们不禁要问：“大企业家们是怎样成功地把握商情，捕捉机遇，运筹帷幄，决胜千里的呢?”纵观商海，但凡成功的企业家都拥有敏锐的目光，会盯住大机遇的蛛丝马迹；善于发现冷门中的大热门，对市场行情的“冷”和“热”往往都有独到的见解，因而能够出乎意料地“突然成功”。实际上“冷”和“热”只是暂时的、相对的，随着大环境的变化，两者是可以互相转化的。前些年出现的房地产热、服装热、炒股热都给我们带来很大启迪，即成功属于最早行动起来的人。成功源于“冷”期而非“热”期，大机遇往往隐藏于被常人忽视的“冷门”之中。成功的企业家通常都不步别人的后尘。跟在别人屁股后走的人，在经营中是成不了大器的。如果“醒得早，起得迟”，机遇永远属于别人，自己追求到的只是些残羹剩饭。对于大机遇而言更是如此。

优秀的企业家大都不喜欢与别人同食一碗饭，他们的高明之处在于能够把小机遇变成大机遇，把大机遇变成超大机遇。他们不随大流，目光独到，另辟蹊径，在别人还“没睡醒”之前早已采取行动并取得成功。

创业者要把握宏观大局，掌握信息是决定经营成败的关键因素之一。商界普遍认为，得信息者得天下。很难设想，一个视听封闭、优柔寡断的企业领导者能够先人一步抓住机遇。敏锐的企业经营者都是运筹帷幄，决胜千里的。经营者的心思无非就是一个：把握大局，决策企业的发展。要想做好这篇大文章，他必须对竞争形势、消费者需求等关键信息了如指掌，以此为出发点，制定当前的经营策略和将来的发展战略。市场信息千头万绪，如果抓不准，就掌握不住主要的、关键的信息。即使掌握了关键信息，但抓得慢、决策滞后，也不会带来大效益。

面对风险，创业者要学会打“区域差”和“时间差”，巧钻市场夹缝。商场是时间性、区域性极强的战场。从区域上讲，中国地域广阔，因政治及历史原因，造成东西之间、南北之间、沿海与内地之间存在很大的差异，这是“区域差”。即使在同一区域，不同的时间也有不同的行情，这就是“时间差”。这些差异对企业家而言是绝好的信息，是很好的赚钱机会。

创业者要学会把机遇升华为现实生产力。许多人在机遇问题上持“知难行易”的观点，认为只要认识到机遇，就能赚钱，在“泡沫经济”时期更是如此。其实不然，即使在短缺经济环境中，也不是人人都能赚大钱的。成功的企业经营者之所以与众不同，并不在于他们掌握了多少理论，也不仅在于他们发现了机遇，主要是他们具备了把潜在转化为现实的“无中生有”的能力。

4. 强化管理才能

一个创业者的成功取决于多方面的因素，管理才能是其中一个很重要的方面。它具体包括两方面的内容，即建立严格赏罚的人事管理制度和具备现代化的生产管理能力。

一个精明的创业者，要想在市场竞争中站稳脚跟，就应从练好创业者的“内功”着手，努力提高自己的管理水平。高明的企业主都深知赏罚制度的作用：只有“赏”才能鼓舞企业职工的干劲和敬业精神，为企业职工塑造出可以效仿的榜样；只有“罚”才能保证对企业纪律的遵守，领导意志的推行，抑制企业职工不良行为的产生。

5. 练就健康体魄

创业是最烦琐、最复杂的一项工作，创业者有可能对此估计不足。由于创业者是老板，需要统筹一切，要照顾到方方面面，因而总是非常忙。创业者刚开始都比较年轻，身体也都比较健康，但时间长了，就会引起许多健康上的问题，如胃溃疡、神经衰弱、偏头痛之类的创业通病，严重者甚至导致精神失常。创业者需要对健康风险有充分的估计。

创业者面临的健康问题主要来自两方面：一方面是体力透支，过度疲劳；另一方面是精神压力过大。体力透支，有时饮食又没规律，长期下来，创业者再好的身体也会被拖垮。在精神方面，创业者既要处理公司内部的人际关系，又要和公司外部的工商、税务等打交道，甚至要应付一些故意找事的地痞流氓。在处理各种人际关系之外，创业者可能还要忍受来自各个方面的诉苦、抱怨，甚至挖苦、冷嘲热讽。创业者会感到心事重重，尤其是当生意不景气时，怎么努力也无济于事，那种绝望的心态更是令创业者心烦意乱。如果压力过大，创业者可能会变得脾气暴躁，容易发怒，冲员工或者妻子、儿女发火。发完火后，觉得生气无济于事，反而使情况更糟，久而久之，创业者可能陷入精神抑郁之中。

所以，创业者在创业之初，在心理上就要做好处理各种纠纷和排解重重精神压力的准备。首先要从体力上入手，保持充沛的精力和健康的身体。无论事情多么繁忙，创业者有三件事每天必须保证去做好：一是吃饭，不管事情多急，创业者要用平和的心情去享受每一顿美餐，不能饥一顿，饱一顿，甚至匆匆吃饭；二是睡眠，创业者要保证充足的睡眠；三是锻炼身体。

创业者不仅要修身，而且要修心。可以说修炼心态是每一位成功人士每天必做的事情。首先，创业者要树立正确的创业观。即创业只是自己生命中的一件事，但并不是自己生命的全部。自己进行创业，只是为了活得更精彩，而非为了创业而创业。因而，以一种平和的心态对待创业，不要将创业看得高于一切，高于自己的身体、自己的家庭和自己的幸福。创业只是排在健康、家庭之后的一件重要的事情而已。这样一来，即使创业失败，也没有什么，也可从头再来。其次，创业者要培养自己遇事冷静的习惯。因为只有保持清醒冷静的头脑，才能分辨周围的形势，做出最正确的选择。创业者不管在什么情况下，都要以最佳的心态去处理各种事务，千万不要跟人斗气、赌气，要知道自己是为了创造一番事业，不是在与人斗气。因而，无论在何种情况下，创业者要培养乐观自信的心态、宽广坦荡的胸怀。

创业者要到达成功的彼岸，除了要具备以上素质外，更重要的是要有坚强的毅力和必胜的信心。对国内外创业成功者的研究表明，他们的创业智慧是：无形的思想冲动，配合已知的原则并付诸行动，就会转变为物质的财富。

小知识

加强财务控制，降低财务风险

企业财务风险具有牵一发而动全身的效应，因此，必须按照科学规范、职责分明、监督制约、财务核对、安全谨慎和经济有序的原则建立严密的财务会计控制制度。同时，要建立财务预算模型，选择预测风险的方法，对各种情况下可能发生的财务风险及其所带来的影响进行测试，对测试出的风险采取预防措施。一般来说，可以采取以下方法和措施：

（1）降低风险法。降低风险法的一种策略是通过付出一定的代价来减少损失出现的可能性，降低损失程度。例如，通过给予客户现金折扣以加速应收账款的回收。另一种策略是采取措施增强企业抵御风险损失的能力。例如，降低产品成本、提高产品质量、增强竞争力，有利于降低销售风险。

（2）分散风险法。企业可以通过联营，多方位、多元化经营来分散市场风险。具体来说，企业可以通过与其他企业联营，实现利润共享、风险分担；或者可以多投资一些不相关的项目，在时间上、数量上互相补充，以降低风险。这种多元化经营在市场结构性不景气时，可以尽可能避免因主营业务被淘汰而使企业面临巨大的风险，从而达到化解风险的目的。

（3）转嫁风险法。这是指企业通过某种手段将风险转嫁给其他单位承担的方法。例如，购买风险保险，即企业可以通过事先向保险公司缴纳保险费，形成社会保险基金，用于意外损失的补偿，这实际上是将一部分风险转嫁给保险公司。

（4）缓冲风险法。按稳健性原则，建立风险基金，如偿债基金、坏账准备基金等，以减缓一旦遭受风险损失时对企业所造成的巨大冲击。

课外拓展

创业风险防范

2013年，依托于打车软件的服务行业迅速“火”了起来，基于中国有着“最刚需”的打车人群，首款打车软件在头一个月就盈利了，半年内就拿到了几百万美元的投资。于是，行业内跟下饺子似的，“扑通扑通”跳进各种打车软件，安卓平台上11家主流应用商店的打车软件客户端总体下载量已超过百万。不过，打车软件行业生长不足一年时间，就触动政策神经，迅速受到各种不同的政策“礼遇”。有的地方出台政策，明令禁止司机使用打车软件；有的地方允许保留，但不许私自加价；有的地方推出官方打车平台，民间打车软件必须与官方平台打通，由官方平台认证车辆资格、规定价格。与此同时，随着打车软件“补贴大战”硝烟的消退，打车软件市场的热度逐步冷却，越来越多的司机和乘客开始放弃打车软件，越来越多的打车软件也悄然退出市场。

启示：打车行业的火热体现了市场经济的特征，是社会资源分配的结果，充分反映了打车市场的供需要求。然而，由于打车市场的不规范，在某种程度上加剧了原有公共交通资源的分配矛盾，打乱了路边打车和服务热线的公平竞争环境。因此，为了保证参与电招服务的车辆和驾驶员具有行业的服务资格，并且维护规范、统一的市场竞争环境，面对尚不完善的新型市场，政策的干预在所难免。对创业者而言，顺势而为、接受监管、主动沟通是规避政策风险的良药。

根据这个案例，围绕如何防范创业风险，写一篇 800 字的文章。

思考题

1. 创业风险有哪些特征?
2. 创业风险的类型有哪些?
3. 如何判断某一创业模式的商业价值?

主题十四　创业教育

重要知识点

1. 中职生创业的优势。
2. 中职生创业的劣势。
3. 中职生创业的策略。

案例引导

“硅谷狂人”乔布斯

斯蒂夫·乔布斯出生于美国旧金山，由养父母抚育成人。小时候的乔布斯淘气、聪明又好动。1961 年，担任汽车贷款业务员的老乔布斯，因工作需要，举家搬到地处硅谷的山景镇。从此，乔布斯就生活在这个充斥着世界上最新科学技术与最先进的管理知识的环境之中，耳濡目染使他的性格很早就表现出硅谷人的特点——敢于创新，富于竞争和冒险精神。

10 岁时乔布斯迷上了电子。这个小东西似乎对他有无限的吸引力。他家左邻右舍都是惠普电子公司的工程师，在周末休假时人人都手持烙铁与显示器在钻研。有一天，邻居赖瑞工程师带了一只原始的碳制麦克风回家，接上电池，挂上喇叭，就可以发出声音。这可把乔布斯给迷住了，一个劲地向赖瑞提问。赖瑞干脆把麦克风送给他，让他自己去仔细研究。此后，乔布斯每天晚上都泡在赖瑞家中，一点一滴地汲取有关电子的知识。

赖瑞见这小家伙聪明好学，就推荐他参加惠普公司的“发现者俱乐部”。这是个专门为年轻工程师举办的聚会，每星期二晚上在公司的餐厅中举行。就在一次聚会中，12 岁的乔布斯第一次见到了电脑。那天晚上，俱乐部展示了一种新式桌上型电脑，让大家打着玩。乔布斯一边玩，一边想自己要有这么一台电脑该多好呀！

带着这样一个愿望，乔布斯成就了一个伟大的奇迹。在硅谷，乔布斯创造的现代版的天方夜谭无人不晓：他以东拼西凑的 1 300 美元起家，在不到 5 年的时间里，推出的苹果个人电脑席卷了全球。苹果 2 号电脑的生产和销售获得了巨大的成功，1978 年卖出了 8 000台。1979 年就翻了 4 倍，达到了 3.5 万台，销售额也达到了 4 700 万美元。“苹果”成为个人电脑的代名词，一场“个人电脑革命”也随之在美国轰轰烈烈的展开。

1980年对于乔布斯来说非比寻常，年仅25岁的他已经拥有了数亿美元的个人资产，成为了有史以来最年轻的白手起家的亿万富翁。他成为白宫的座上客，美国总统里根对他十分赏识，称他是美国人心目中的英雄，电脑业更是将他誉为“硅谷狂人”。

［小提示］

在“双向选择”的就业方式下，有些学生就业的单位不理想，有些学生则未找到就业单位，面对就业的困惑和压力，走自我创业之路不失为一种发展自我、完善自我的新途径。

当今的社会正处于一个不断变革的时代。这种变革渗透到社会生活的各个方面，从经济领域到政治领域，从家庭的组合到个体的发展。而每个方面的变革又同其他方面相互影响、相互作用。在这种变革过程中，更加注重突出人的价值，体现人的发展，显示人的才能。只有这样，变革的目的与人的发展才能趋于一致。在这种变革的社会中，要实现人的价值，显示出个性特征，只有适应社会的发展，创造自己的事业，才能把自己融于变动的社会发展之中，适应社会经济发展的要求。

一、影响中职生创业的关键因素

1. 个人综合素质

创业是一项非常具有挑战性的社会活动。由于其强烈的个体性色彩，因此十分强调创业者的个人素质和能力。毕业生要在真刀真枪的社会竞争中站稳脚跟，靠的只能是实力。没有实力，其他一切都是妄谈。只有创业的美丽梦想，没有足够的创业实力，创业永远不可能成为现实。而当毕业生的创业实力达到一定程度时，他会排除其他因素的影响，坚定地走创业之路。因此可以说，个人的能力与素质在创业选择中起决定作用，其他因素都是外因。

2. 个人的性格、爱好与特长

性格、爱好、特长与创业项目的结合，会为创业的成功增加重要的砝码。比尔·盖茨、杨致远所进行的创业项目，正是他们的爱好和特长，他们对其有着无比浓厚的兴趣。而且可以说，是兴趣引领他们开始了创业的脚步，他们在创业最初绝对没有想到未来是如此灿烂。

3. 家庭因素

父母的价值观会对毕业生的创业选择产生影响。父母鼓励孩子不要担心失败，要大胆尝试、勇于开拓，那么受父母的影响，他们在选择创业时就会持更积极、乐观的态度。父母若担心孩子吃苦受累，希望他们找一个安稳的工作，一步步发展，那么，毕业生就会在选择创业路时更为谨慎。家庭的现实状况会对学生的创业选择产生影响。家庭的经济条件较好，父母有着较稳定的收入，近期不需要孩子给予照顾，甚至可以给他们的创业提供某些支持，那么，毕业生在选择创业时，就会更自主，敢于冒更大的风险；反之，如果家庭条件不太好，父母需要给予及时的照顾，那么毕业生就会更在乎创业的成败。听取父母的意见，考虑家庭的情况，这是毕业生选择创业时必经的一环。

4. 学校因素

学校对毕业生创业的影响分为直接和间接两方面。直接的影响来自学校针对学生创业推出的政策和各种教学、训练活动。间接的影响指学校所有的教育活动，尤其是以创新为主题的教育教学改革对学生创业产生的潜移默化的影响。近年来，各高校已经注意到学校教育对学生创业的影响，并已采取了相应的措施。

5. 社会因素

影响学生创业选择的社会因素有两方面：一是社会为学生提供的创业软硬件环境，二是学生创业的社会舆论。“软”的社会环境是指与中职生创业相关的政策环境、法律环境、商业环境；“硬”的社会环境主要指风险投资机构对学生创业项目的关注和扶持。除此之外，从众是人的正常心理反应，在年轻人中表现更甚。年轻的毕业生往往把周围同学朋友的观念、选择作为自己行动的参照，并加以实践和效仿。所以我们说，第一代毕业生的创业路走得如何，对后来人的创业选择有着十分重要的影响。

以上五方面因素相互作用，对学生毕业创业具有重要影响。当前，对于毕业生创业，各方面的条件和环境还在逐步完善中。随着时间的推移，参与创业的毕业生会越来越多，创业必将成为根植于学生心中的一种成才模式和成才理念。

创业资源的类型与来源

创业资源的类型与来源，见表 14-1。

表 14-1　创业资源的类型与来源

资源类型	资源名称	资源内容和来源
必备资源	资金资源	亲戚朋友的借款；政策性低息贷款；各类政策资助与扶持的创业基金或科技基金；风险投资资金；天使投资资金等
	场地资源	自有产权的房屋场地；可租借到的房屋场地；科技园区或工业园区提供的低价场地；各类孵化器或创业园提供的廉租房屋场地等
	人才资源	创业者自身；创业团队成员；可以聘请到的管理、营销人才：专家顾问团队；招聘的合格员工等
	产品资源	具有自主知识产权的产品；创新性产品；他人产品的地区总代理；具有市场前景的产品等

续前表

资源类型	资源名称	资源内容和来源
支撑资源	营销渠道	自有的营销网络；可以使用或租借的营销渠道；营销渠道的效率与效果是否与产品生产能力匹配等
	关系网络	个人关系网络，如亲朋好友、老师、同学、战友、同事等；社会关 系网络，如创业之前的同事、业务伙伴，可以进行利益共享与交换的群体；具有弱连接的间接社会关系等
外围资源	创业环境	地区经济发展水平；是否有创业辅导机构、创业融资机构、创业培训与学习条件；政府对创业的态度；区域自然条件等
	创业政策	税收优惠及减免政策：工商注册支持政策；行业准入政策；创业扶持政策；确保创业者利益的政策等
	创业文化	地区生活习惯；人们对待冒险的态度，对创业行为的看法，地域文化与思维方式；对财富与安逸的追求等
	市场信息	是否具有发达的网络系统；市场的开放性、安全性与公平性：信息共享的程度；行业协会与市场组织等

二、中职生创业的优势与劣势

1. 中职生创业的优势

中职生创业的优势很明显：领悟力强，对有些东西一点即通；自主学习知识的能力强；接受新鲜事物快，甚至是潮流的引领者；思维普遍活跃，不管是能不能干，至少是敢干；运用 IT（信息技术）技术能力强，能够在互联网络上搜寻到许多信息；自信心较足，对认准的事情有激情去做；年纪轻，精力旺盛，故有“年轻是最大的资本”之说；没有成家的中职生暂无家庭负担，其创业可获得家庭或家族的支持。

2. 中职生创业的劣势

毋庸讳言，中职生创业也存在一些劣势：缺乏社会经验和职业经历，尤其缺乏人际关系和商业网络；缺乏真正有商业前景的项目。许多创业点子经不起市场的考验；缺乏商业信用，在校学生信用档案与社会没有接轨，导致融资借贷困难重重；喜欢纸上谈兵，创业设想大而无当，市场预测普遍过于乐观；独立人格没有完全形成，缺乏责任感，甚至有毕业后继续依赖父母过日子的想法；心理承受能力差，遇到挫折就放弃，有的学生在前期听到创业艰难，没有尝试就轻易放弃了。

以上是从统计面上来分析学生创业的优缺点，实际上每个学生的情况是千差万别的，还需要个性化地认识自己。

我们面临着一个创业的好时代，这个时代有更多的机会让人们去选择自己的命运，去改变自己的命运。当机遇来临的时候，要注意从社会的需要中发现机遇，并围绕这种需要进行创造，以最快、最有效的方式满足社会的需求。要通过踏实的工作来驾驭机遇，通过艰苦而诚实的劳动去获取成功。要在洞察和分析时代环境中创造机遇，并在进与退、得与失、成与败之中进行选择与整合，以便在新的需求即将出现的时候，或者市场的游戏规则即将改变的时候，抓住时机，率先进入，以此获得先机及丰厚的回报。

中职生要把握地利，善用地域环境。无论是处于好的地域环境，还是处于差的地域环境，都可以利用地域特点进行创业。在二线发达城市，创业氛围浓厚，对创业的支持包容度大，许多学生创业者就是利用了这种地利，充分发挥自己的才干，获得了事业的成功。需要说明的是，地域环境差的地方也有地利，穷乡僻壤有时也会变成创业的肥沃土壤。地域环境的地利，有的是比较明显的，有的则不易被发现。中职生要善于经营，构筑物质环境。在现代社会创业，必须以经营为手段，最大限度地利用现有的物质资源，进行有效的管理与使用，只有这样，创业才能得以健康发展。

小知识

亲友融资小智慧

无论你是从家人，还是从朋友那里借款，都要打上一张借条，写明借款的时间、地点、数目与条件。其中的“条件”你可以参照当时的银行利息，写明你还本付息的计划。由于中国传统的习惯，过去人们这么做总是觉得“生分”，破坏家人的亲情和朋友之间的友情。其实这是一种错误的观念。一方面时间在这里本身就是风险，另一方面没有一个人愿意把自己的钱毫无理由地放在别人的腰包里。此外，你若向家人和朋友借了钱而不支付利息，实际上等于是在剥夺别人的财富。

创业者要如实说明借款原因。在借款之前，你应当向家人或亲戚、朋友如实地说明你的经营情况与项目，包括投资额度、预期收入与存在的风险，然后把你的资金状况和缺口告诉他们，看看他们是否愿意将钱借给你，不要让家人或亲戚、朋友陷入一种尴尬的境地。如果你获得了他们的支持和贷款，你也要注意让他们不断地获得关于你真实的经营状况的信息，尽可能地避免他们对你产生不信任。同时，要切实履行承诺，保障各方利益，减少不必要的纠纷。

在你向家人或亲戚、朋友借贷的过程中，如果有人对你的创业项目产生了很大的兴趣，而且他们也觉得有信心，这时你可以询问他们是否愿意进行合作经营。当然，你也得向他们说清楚，合作经营可以取得股权，其收益可能远远大于他将自己的钱借给你而获得的利息，但一旦经营失败，所要承担的风险也要远远大于他将钱借给你的风险。不管怎样，只要你的项目得当，而且他们也很信赖你的能力，相信自己的判断力，那么通过合作方式来筹集资金是完全可能的。

三、中职生创业的瓶颈及策略

“创业比就业更难”，一些大学的就业指导中心的老师这样说。近几年就业形势十分严峻，国家和地方为缓解就业压力也相应出台了一些鼓励高校毕业生自主创业的措施。就中职生自身而言，在这一过程中，其一方面要认识到自身创业面临的瓶颈，另一方面要努力提升自己的创业能力。

1. 中职生创业面临的瓶颈

中职生由于其年龄、阅历与知识等方面的限制，使其在创业过程中面临较多的心态、知识、经验、技术与资金等方面的问题。

（1）心态限制。

拥有良好的心态，尤其是对创业风险具有清醒的认识，并拥有应对风险的充分的心理准备，是创业成功的必要条件。但是由于中职生受年龄及阅历等方面的限制，未必对创业风险具有清醒的认识，缺乏对可能遭遇到的风险的必要准备。在缺乏良好心态的情况下，创业前景也会受到相应的影响。

（2）知识限制。

创业需要企业注册、管理、市场营销与资金融通等多方面的知识，在缺乏相应知识储备的情况下，仓促创业会面临很多困难，如难以筹集到必需的资金等，这将使创业者在残酷的市场竞争中处于不利地位。

（3）经验限制。

受年龄及相应学识的限制，中职生很难拥有关于创业的直接经验与间接经验，创业知识一般也多限于“纸上谈兵”。在这种情况下，学生在创业过程中肯定会遇到各种不可预见的问题。

（4）技术限制。

理工类学生受学识的限制，拥有可创业的技术的学生只可能是少数。而对于文科类学生来说，很难拥有可以创业的技术。技术的缺乏直接限制了学生创业，在激烈的市场竞争中，学生创业将遭遇较多的困难。

（5）资金限制。

由于学生很难有足够的创业资金，从社会上融资或获取无息及贴息贷款是必然选择。

但是学生创业风险较大，通常难以获得必需的资金。另外，学生在获取资金方面的两种错误倾向也要注意：一是急于获得资金而不惜贱卖技术，二是过于珍惜技术而不肯做出适当的让步。这些问题都决定了中职生在获取创业资金方面难以获得相应的支持。

中职生如何面对创业瓶颈？

1. 专业匹配

学生自主创业虽然存在很多未知数，除了要有生意头脑外，还要有资金、专业技术、创业背景、懂得市场运作等。但是，有些专业的学生或许更加适合自主创业，如美术、装潢设计类专业的学生。由于专业的特殊性，他们的工作本身就是一种创作行为，只要具备一定的专业技术，反而不需要太多的创业背景和承担过多的风险。据悉，广东技术师范学院的艺术设计系把“项目设计”融入教学，从而带动学生自主创业。近年来，毕业生一次就业率都保持在98%以上，其中有近80%的毕业生实现了自主创业。除了艺术类专业的学生外，理科和经济类专业的学生自主创业的也很多。文科学生中也不乏自主创业的例子，如自由撰稿人、策划人、职业写手，甚至作家。文科学生的自主创业更偏向于自由职业一类，从这个角度上说，创业所需要的诸如资金、经验、市场等条件反而不会太苛刻，学生也较容易在刚出校门的“一穷二白”中站稳脚跟。

2. 拓展关系网

自己尝试办设计工作室的某师范学院学生认为，创业前的社会经历十分重要。他这样评价自己：“我绝对不是最顶尖的学生，就算是在我们系里，也有不少人比我强。我之所以比他们更敢走出这一步，主要是因为朋友较多、经验多些、懂一点儿法律知识。创业不仅仅是有专业能力就可以的，社会阅历、人际交往、客户关系、法律常识更重要。”创业是一个整合过程。它需要充分考虑各方面的因素，如果没有经验的积累，没有社会的支持，学生创业实际上是“独木难支”。相对于其他背景的创业者而言，学生最大的劣势就是社会经验的严重缺乏，所以学校应当理解、支持和正确引导学生创业。“把创业纳入学校的管理教育思路中，成了许多人的共识。”现在的高等教育更侧重于培养学生的知识和技能，毕业培训也千篇一律地指向就业，而在自主创新、自由创业方面显得则较为薄弱。既然现在国家鼓励高校毕业生自主创业，那么是不是学校可以适当地在平常的教学中向学生渗透一些市场动态、融资、法律等方面的知识，让学生慢慢树立起自己创业的意识与信心？此外，还可以利用学校既有的资源优势和科研力量，以及其他相关配套政策，在一定程度上帮助学生实现自主创业。

3. 切忌好高骛远

学生自主创业容易产生好高骛远的心理，比如把创业目标定位在需要一大笔启动资金的高科技大型项目上。这会给创业带来巨大的风险和压力。因此，学生应该选择一些低成本、低风险的小项目，放下架子去创业。一些家长也表示，资金困难、经验能力缺乏是高校毕业生创业面临的主要问题，建议高校最好设立“学生创业辅助机构”，让毕业生更好地走上自主创业的道路。

小案例

“脸萌”带给我们的思考

“90 后”一定都听说过“脸萌”这款 APP，它是一款拼脸应用软件，通过五官元素的拼接，用户可以快速创造出自己的个人化漫画形象，然后分享到社交平台。这款软件的整体思路虽然很简单，但创业团队针对产品所花的心思和态度却并不简单。

2013 年 5 月，郭列、坚锋、李允豪、许富堡等几位“90 后”以青春为名组建创业团队。同年 11 月，脸萌 1.0 上线，市场反应火爆。2014 年 3 月，公司获得 IDG 数百万元天使轮投资，同年 6 月，脸萌的日下载量达到 500 万次，连续两周在 APP Store 总榜中排名第一，7 月公司再次拿到千万级别投资基金。至此，脸萌彻底火了。突然“红了”的脸萌团队瞬间拥有了无数鲜花和赞许，但也面对着更多的质疑和贬损。度过了一段或火爆或煎熬的时间之后，脸萌整个团队冷静下来，这帮“90 后”的年轻人在认真反思和总结之后，总结出了一些经验，希望对即将创业和正在创业的人有所帮助。

首先，创业者需要认清一点，即最火的时候就是最危险的时候。企业一旦火了就会发现周围的一起切都变了。人际关系上，突然出现了很多“朋友”。不断有各种人来联系我们，所有人都在捧你，但是随着热潮过去，那些人的态度也会变化，这会极大地影响到团队成员的心理，整个团队的都会有些浮躁。这个时候请记住郭列的那句话“在外界掌声最热烈的时候，作为团队负责人，最需要交流的不是媒体和投资人，而是团队和家人”。主动说明现在的状态和情况，避免不必要的误解，因为在任何时候，团队和家人永远是最重要的支撑和后盾。

其次，创业者务必要处理好与媒体的关系。媒体对于创业者而言是一把双刃剑，它既可以帮助你实现扩大宣传的目的，又可以在瞬间将你推入无底深渊。脸萌在火了之后，无数的媒体蜂拥而至，创业团队成员大部分时间都被媒体控制了，一天能接 10 多个媒体采访电话。一个晚上基本上只能睡三四个小时，路上是媒体电话，上班时是媒体电话，出差也是媒体电话。这导致团队成员根本无暇研发产品，产品的研发进程大大受限。所以在面对媒体时，团队须抓住的核心是要对外表达什么，不是媒体想要什么，不要被媒体牵着走。

再次，创业者要学会在对的时间找对的钱。郭列建议只接受纯财务投资，不要接受做产品起家或者行业巨头的钱，不要过早去依靠某家的资源，这样对企业长远的发展是很不利的。此外，在挑选投资方时不要贪婪，永远没有最好的投资方，期望一家投资方有钱、有资源、条件宽松，这是不可能。

最后，政府部门的帮扶不可小视。对于创业者而言政府永远是最大的靠山，所以，靠得上就要靠稳了，靠不上想办法也要靠上。这里说的靠，不是简单的依靠，而是共赢。郭列的创业团队在第一次接触政府部门时其实是带有抵触情绪的，但当真正的了解情况之后，他们才发现政府对于青年创业的扶植力度是非常大的，包括组织活动、协调资源、资金扶持、政策支持等。最重要的是，郭列的团队在组织的活动上认识了很多有成就的企业家，学到了很多经验，也积攒了不少人脉。

我们无法预知"脸萌"的未来，但是即使它真的只是一时的辉煌，这个由90后的年轻人所组成的创业团队也已经掌握了游走于商场的资源与智慧，未来他们无论迈向哪样一种行业，都一定不会让我们失望。

2. 中职生创业的策略

(1) 提升创业能力。

1) 融入社会。

中职生完成学业并就业后，如果是在已有企业的岗位上施展自己的才华，以求生存和发展，工作中只需要考虑如何履行好本岗位的职责，通常不需要考虑企业人、财、物的管理，以及企业的发展，除非通过努力获得了一定职位。而创业则完全从零开始，从设立企业的可行性研究分析到筹备、运作都必须按照自己的意志和实际能力去设计、把握事业发展的进程。这就需要创业者有远见的卓识、超人的智慧以及挑战风险的勇气，并能把握自己的实力。此外，还需要创业者不断了解市场的竞争态势，及时调整应对策略，力求将风险转化为机遇。

为了获取经验，毕业生应树立起"先就业，后择业，再创业"的意识，走一条面对现实，降低起点，先融入社会再寻求发展的道路。"先就业，后择业，再创业"就是指学生毕业时，应该采取先工作的方式实现就业。工作一段时间后，如果认为工作不合适，可以重新选择就业。有了一段就业和择业的工作经历，自己各方面的能力都有所提高。当具备了创业的自信心和一定的主观条件后，客观上时机也到来时，就可以考虑走创业这条路。这是一种完善自我、减少风险的好方法，但也不是苛求每个毕业生都这样循规蹈矩。对有一定知识产权、发明创造成果的毕业生，可将自己的技术作为资本投入企业或自己开办公司直接进入创业阶段。对大多数毕业生而言，通常都有一个"先就业，后择业，再创业"的过程，这种就业观以职业流动观、创业观等现代就业观为基础，是市场经济环境下奋力拼搏、追求发展的鲜明写照，是人生事业追求的三部曲。

2) 进入欲创业的行业，了解现状。

当中职生确立了创业志向后，不一定能立即实现，除了创造必需的条件外，还必须在思想上做好准备。首先，要有创业的坚定信念。因为一个人的信念具有不可思议的力量。

其次，要树立终身创业的意识。创业就是激励自己，开发自己最大的潜能，发现和挖掘通往成功的潜在时机。创业就是创造，创造新的就业岗位，创造新的成功机遇，创造新的富有挑战性的人生。只有立志不断创造，才能提高创业成功的概率。最后，勇敢地走向市场，走向竞争。在瞬息万变的社会里，只有适者才能生存。因此，为了达到上述目的，必须一步一步地进行心理激励并重新认识自我。有了创业的志向，但主客观条件不具备时，可以先就业。即使从事的工作与创业的志向不一致，也必须为了解决基本生活问题先稳定下来。当基本生活有了保障，并对现有工作不满意而再择业时，即可进入欲创业的行业。目的是观察、了解和熟悉该行业。因为熟悉特定行业是创业成功的基础。熟悉一个行业到了一定的程度，并且具备比较成熟的业务关系和一定的资金时，就可以自己创业了。

有一条规律对有志创业者是有用的：一年入行，二年入门，三年有小成。由此可见，创业成功者的秘诀就是对行业的熟悉再加上勤奋和自信心。所以不要担心自己不如别人聪明能干，因为多数人的智商差别不大。许多工作、许多行业需要的是熟悉、熟悉、再熟悉，而不是天才。只有熟悉以后，才能总结出规律，找到成功的诀窍。

3）在实践中修炼自我，选择时机。

对创业的中职生而言，修炼自我的过程单凭在学校中的学习是不可能完成的，也很难有条件在自己的企业中完成，绝大多数人只能通过打工的方式在别人的企业中完成，这是修炼的基本途径。

如果正在个人欲创业行业的小公司、小企业中工作，那是最好不过了。你可以学习所需知识，熟悉经营运作的各个环节，而不会有盲点。熟悉之后要面对特定行业，全面分析，以研究自己的长处和不足，并确定适合个人特点的做法。更为可取的是，你有充分的资料和机会来研究行业情况。这个条件是外面的人永远得不到的。你是在内部，用一个老板的眼光在研究这些资料，是在为自己做实战演习。你还有足够的机会与老板交流，这是你向老板学习的最好时机。因此，不要怕与老板交流、谈心，也不要不想、不敢说出内心的真实想法，但要注意分寸，不要忘记你的身份，你是打工的，不能因为自己是大学毕业生而显出比老板高一筹。在理智的指导下，你才能尽快学到想要的东西。

创业者寻找投资人的方式——路演

如果你有一个很好的创业想法想要寻找投资人，或者你并没有成熟的创业项目但是却坚定的想要走上创业道路，那么你可以通过一种方式获得你的投资人、合作伙伴甚至创业项目，这种方式就是路演。

什么是路演？路演译自英文 Roadshow，是国际上广泛采用的证券发行推广方式，指证券发行商发行证券前针对机构投资者的推介活动，是在投融资双方充分交流的条件下促进股票成功发行的重要推介、宣传手段。但近几年来，路演这个词却频繁地使用在了创业者的项目推介上。很多有想法的年轻人会在黑马会、创业家、创投圈等一些“车库咖啡”里展示自己的创业想法或项目，展示的过程并不长，只是大约10分钟的项目介绍加上5分钟的团队介绍，接下来就是等待有意合作者的“搭讪”了。这种方式在美国、加拿大、英国等国家并不陌生，很多知名的企业家都是以路演的方式从“车库咖啡”走出来的，例如比尔·休利特、戴维·帕卡德、杰夫·贝佐斯、布林和佩奇，当然，还有史蒂夫·乔布斯。路演的魅力很大，年轻人不仅可以通过这种方式找到项目的投资人，也可以通过这种方式找到自己未来的创业团队。还是那句话，我们生在一个最好的年代，只要你想有所成就，并愿意为之而努力，你的面前就有无穷的机会。

4）借鸡生蛋，积小利求大成。

自己创业，获取财富，最省时省力的办法就是借鸡生蛋。这也是白手创业的必修课程。

初创业的人往往资金有限、经验不足，有了机会，自己却没有力量去干。在这种情况下，最好能“借鸡生蛋”，即利用别人的资金、关系、组织机构、人员去做事，事成之后参加利润分成。人们各有各的优势。有的人有销售渠道；有的人有方方面面的关系；有的人信息灵通；有的人掌握着新产品的技术机密；有的人有很好的主意。初创业者可以用技术、信息、销售渠道、关系网作股本与他人合作，得利后按比例分成。这样做虽然不如独自做获利大，但可以化解风险，同时也可避免自己资金数量不足的制约。

经济生活中有这样一条规律：风险与收益成正比。一般来说，风险大，收益也大；风险小，收益也小。例如，市场上一种新产品或服务业的出现，通常会产生两种截然相反的结果：一种是企业提供的产品和服务供不应求，价格必然高于价值，收益也大；另一种是企业提供的产品和服务，由于各种原因得不到消费者的认可，就可能产生投入资金后没有收益甚至亏损的结果。这就是风险所在，也正是大多数人望而却步的原因。对于已经有了一定基础，且有多项业务的公司，为了获得较多的利润，有时冒点风险是必要的，也是可以承受的。如果企业搞的是多元化经营，东方不亮西方亮，这儿赔了，那儿却赚了，企业还可以存在下去。但是，对于初创业者来说，应尽量避免做风险大的事情，而应将为数不多的资金投入风险小、规模也较小的事业中去。先赚小钱，再赚大钱，等资金雄厚了，再干大事业，冒大险，赚大钱。

5）在“冷”与“热”上寻求机会。

有市场需求，而目前又没有多少人干的“冷门”行业，风险小，赢利大，是创业初期可供选择的行业。当然，从事“热门”行当也可以创业赚钱，不过要在需求达到高峰之前。需求高峰一过，赶快抽身，不要陷在里面。这需要较高明的决策艺术。

创业之初为了保证有稳定的利润，最好瞄准“冷门”或即将成为“热门”的产品。在看不清的情况下，不要轻举妄动。如果一开始就加入竞争激烈的行业，可能会因实力、经验不足而在竞争中败北，出师不利，搞得“赔了夫人又折兵”，从此一蹶不振。

“互联网+”怎么加?

2015 年 3 月 5 日十二届全国人大三次会议上，李克强总理在《政府工作报告》中首次提出“互联网+”行动计划，这一刻“互联网+”的时代正式到来。

那么，什么是“互联网+”? “互联网+”又该怎么加? 先来回答第一个问题。“互联网+”代表一种新的经济形态，即充分发挥互联网在生产要素配置中的优化和集成作用，将互联网的创新成果深度融合于经济社会各领域之中，提升实体经济的创新力和生产力，形成更广泛的以互联网为基础设施和实现工具的经济发展新形态。概念讲起来很拗口，但仔细理解却并不难，其实就是“线上线下”大融合。

自千禧年起，中国的“线上世界”就呈现出了惊人的发展速度，“线上”的发展过于抢眼，使得“线下”略显尴尬。但实际上，“线上”与“线下”的大佬们都清楚地知道一点，那就是“线上”离不开“线下”，“线下”更离不开“线上”。当虚拟世界的根基稳固之后，大佬们开始发声了。2012 年 11 月，易观国际董事长兼首席执行官于扬在第五届移动互联网博览会上首次提出“互联网+”理念，表示中国未来的各个行业必然会选择“互联网+”这种公式。2015 年 3 月，全国“两会”上，全国人大代表马化腾提交了《关于以“互联网+”为驱动，推进我国经济社会创新发展的建议》的议案。他表示“互联网+”带来的是一种新生态，他希望这种生态战略能够被国家采纳，成为国家战略。现在我们知道他的希望成真了。

那么，再来回答第二个问题，“互联网+”加什么? 答案是几乎什么都可以加。“互联网+”行动计划强调“跨界融合”“创新驱动”“重塑结构”“尊重人性”“开放生态”和“连接一切”。换句话说，“互联网+”的时代是要打破格局、改革创新。可以“互联网+工业”，搞个网络化物理设备（CPS），也可以“互联网+金融”，来个网络信贷（P2P），更可以“互联网+商贸”“互联网+通信”“互联网+交通”“互联网+旅游”……

现在的时代允许你用互联网去加一切，只要你能找到最适合的切入点。

可是，该怎么加呢? 互联网确实可以加一切，但这并不代表互联网加什么都能成功。中职生不仅要学会“识势”，更重要的是学会“借势”。《政府工作报告》里称，“新兴产业和新兴业态是竞争高地，要借助‘互联网+’行动计划推动移动互联网、云计算、大数据、物联网等与现代制造业结合，促进电子商务、工业互联网和互联网金融健康发展，引导互联网企业拓展国际市场。”这句话意味着什么? “互联网+”是一场革命，它需要探索，身处其中的人无疑会感到迷茫，但这条路目前却是有方向的。如果你要走进“互联网+”的世界，那么你在“互联网+”后面放着的那个名词一定属于新兴产业或趋势行业中的一个环节。

（2）重视开局设计。

1）谨慎选择行业。

特长是一个人最熟悉、最擅长的某种技艺，它最容易表现一个人在某一方面的能力和才华。事实证明，能够发挥自己最大特长的事业是最容易取得成功的事业。因此，当选择了能够发挥自己最大特长的事业时，实际上就意味着已经在创业的道路上步入了成功的开端。那么，如何将特长作为创业时选择行业的依据呢？

首先，搞清楚自己有哪些特长。无论自己的特长是不是自己的爱好，都要清清楚楚地了解它。有些人可能说，我什么特长也没有。其实这些人并不真正了解自己，因为不管是什么人，都有一定的特长，没有任何特长的人是没有的。只要认真地去发现和挖掘，就会发现自己的特长，比如善于唱歌，善于写作，善于用人等。不要小看这些特长，它有时会使你获得意想不到的收获。所以，在走向创业之路之前，首先要尽可能诚实并客观地回答这样一个简单的问题：我究竟有哪方面的特长？我的这些特长能作为我创业时选择行业的依据吗？了解自己的特长，并确定这些特长是否就是你的爱好，就可以很从容地对自己将要从事的事业做出选择。想一想自己周围的或从书上读到的有关创业的成功经验，很多人似乎都是在创业活动中发挥了自己的特长。如果想成功，就应该向他们学习。

其次，选择特长中的特长。一个人往往具有许多方面的特长，比如喜欢写作或擅长进行商业咨询等。在选择创业行业之初，往往觉得有些眼花缭乱，可能将自己所有的特长都在心中设计了创业的各种方案，但在多个方案中选择时似乎并不十分容易。其实，选择方案的过程就是对自己的选择过程，即在许多方面的特长中，要选择自己特长中的特长。这样就会尽快把自己的最大特长转化为创业行为，并在创业的道路上不断走下去。

此外，在多种特长中，选择了自己最好的特长作为创业之始，就会由于自己的特长得到了淋漓尽致的发挥而处于高度兴奋之中，灵感会不断地涌现出来，不断地走向成功。实践证明，在“八仙过海，各显神通”的创业大潮中，凡有一技之长者往往独占鳌头。

如何选择创业行业，并没有固定的模式。不同的人，所处的社会环境不同，选择创业行业的标准也不同。创业行业的选择，不仅仅是一个理论问题，而且是一个实践问题。当然，创业行业的选择还有许多应该考虑的其他因素，例如社会风尚、国家关于创业的有关法律政策、个人的投资能力等。这些因素都是在选择创业行业时应该予以考虑的。

2）精心制定开局方案。

创业开头难，开个好头更难。开头顺利会增强自信心，就可以继续干下去，随着经验的日趋丰富，实力的日益雄厚，事业越干越大，再做起生意来就会更顺利、更容易。如果开头就出师不利，赔了钱，就会对创业丧失信心。但是对开头是否能干好过分担忧、过于恐惧也是不必要的。

什么事都是由不知到知，由知之不多到知之甚多，这个过程就是不断失败而后取得成功的过程。创业或干其他事也是一样，因为经济活动是复杂的，如果人们对经济活动的规律缺乏认识，不按规律办事，当然要栽跟头。即使是对经济活动规律较为了解的人，由于经济活动过程中起作用的因素较多，特别是由于某种突发性、偶然性因素的作用，也会使结果与人们的预期不一致。因此，创业就要准备“交学费”，不然，就不能从市场经济的大学毕业。如果怕失败，怕栽跟斗，就很难实现创业目标了。由此看来，应先有这样的心理准备：宁愿多考虑点失败了怎么办，也不要把开局设想得过于美妙。这样，即使开头不顺利，也不会就此一蹶不振，而会振奋精神，总结经验，接受教训，由不会做生意到会做生意，由赔钱到赚钱。

经济活动是有规律可循的，只要认真地研究与观察，经济活动规律是可以被认识的。按照规律办事，在一开始也可能取得成功，即使不成功，也不会败得很惨。

3）行动是成功的先导。

成功者身上有很多优秀的品质，其中一点就是：他们不懈地行动了。行动使他们增长了才干，行动使他们获得了成功。特别是对于为人处世，即与人交往的学问，实践才是最好的导师。毛泽东曾说，要想知道梨子的滋味，就必须亲口尝一尝。要获得创业的成功，就要亲身去实践。行动说起来容易，做起来却很难。行动就要克服懒惰，行动就可能遇到难以想象的困难和挑战，行动是对你是否真正具备自信和勇气的严峻考验。幻想上的震撼，情感上的激动都是短暂的，作为一个立志创业者，真正重要的是行动。

有了以上思想准备和认识，就可以做开局方案了。创业的开局方案是以可行性研究的结果为基础制定的创业实施计划，一般应包括以下内容：首先是机会研究，即创业者对投资的初步设想所进行的概括性分析，以便确定投资的必要性和可能性；其次是初步可行性研究，它是在有了项目概貌的基础上，对关键性的问题进行专题研究，如市场的需求问题等；最后是详细进行可行性研究，它是在认真调查、掌握足够信息资料的基础上，对项目进行系统分析，其结果是产生一个或几个可行性方案。创业者通过对不同方案利弊的比较，选择最佳方案。

(3) 做“熟”不做“生”。

中职生创业有优势，也有局限性。中职生思维活跃、充满活力、喜欢接受新鲜事物，同时具备一定的专业知识，但由于没有进入社会，商业意识、社会经验、企业管理、财务及营销等方面知识都比较欠缺，因此学生在创业方向的选择上应扬长避短，寻找适合自己发展的道路。以下几个创业领域较适合学生创业，不妨尝试一下。

1）科技成果研究。

作为学生，如果自己在某一领域有自己的科技成果，则可以利用自己的成果走科技创业的道路。这里一方面要注意，在进行科技创业时，要充分利用学校的资源，包括科技成果、设备等；另一方面要注意，要将科技成果转化成商品，这是用科技成果创业能否成功的一个重要因素。

2）科技服务。

学生根据自己的兴趣爱好结合专业可以做出一些科研成果，但这些科研成果由于多种因素制约往往难以转化成商品，更无法将它们直接用于创业。而我们的一些企业，特别是一些大中型企业会有许多科技难题，学生可以通过老师、学校加强与企业联系，将企业难题作为科研课题，为企业提供科技服务。如果某项科技服务成果能成为企业的一个长期的配套产品或服务，这将为创业者奠定一个稳定的发展基础。

3）科技成果应用。

学校的许多科技成果与我们的生活息息相关，但缺少应用方面的开发，许多都束之高阁。学生可以利用自身的知识及学校资源，进行科技成果的开发应用。这里不一定要把眼光放在改变社会生活的大项目上，只要能找到与人们日常生活相结合的一个点，就可能做成大市场。比如，我们把食品方面的科技成果用于休闲食品领域；把种植、养殖方面的科技成果用于家庭种花、养宠物；把材料表面处理新工艺用于工艺品、饰品的加工等。

4）智力服务。

随着社会经济的发展，服务业在我们的生活中已占有越来越重要的地位。学生创业应发挥自己的知识优势，选择一些需要专业知识的智力服务，如翻译、电脑维修、家教培训等，或把软件设计应用到一些传统行业、中小企业或商业连锁领域中。

5）电子商务。

现在网络应用变得日益普及，它已成了人们生活的另一个舞台。电子商务成本低，不受时间、空间限制，学生从小就学习和使用计算机，他们可以用自己所学知识开展网上创业，做电子商务。在这方面学生不应停留在网上开店，买卖传统商品上，而应该结合自己的特点提供一些网上智力服务。比如，学国际贸易的学生可以通过网络寻求国际订单；为传统行业提供网络销售；为要走出去的中小企业提供外部信息；建立虚拟办公服务等。

6）创意小店。

学生年轻有朝气、思维活跃、喜欢接受新鲜时尚的东西，而小店的经营相对简单，对社会经验、管理、营销、财务要求不高。因此，学生可以发挥自己的优势开一些有创意的小店。比如，创新的蔬果店、甜品店、幼儿绘画坊、成人老年人玩具吧、绣品工艺品 DIY 店、个性家饰店、饰品店、美容美发吧等。

7）连锁加盟。

连锁加盟是一种成功的商业模式，发达国家的连锁加盟在商业经营中占有很高的比例。在我国，连锁加盟的比例还不高，还有很大的市场空间。连锁加盟可以为加盟者提供成功的模式和经验。对学生来说，通过连锁加盟形式创业，可以弥补自身的不足，快速掌握经营所需的经验和知识，降低风险，提高创业成功率。通过连锁加盟创业的关键，是要寻找一个连锁加盟体系相对完善、适合自己的项目。

以上所说的一些创业方向，比较符合学生的特点。随着大学精英教育向大众教育的转变，学生的就业也将从学历就业转变成能力就业，创业也将成为就业的一种选择。

（4）积累实践经验。

中职生的理想与抱负很高，这是好事。当前，很多学生把创业当作实现人生理想的最好途径，既可避开就业压力，又可自由发挥自己的综合能力，何乐而不为？创业固然需要很强的综合能力，但可以一边创业一边锻炼，没有相关实践经验无所谓，只要创业项目有市场就可以进行操作。但是市场竞争非常激烈，在你看好一个项目时，稍有风声，就会有人跟风，只要别人的各方面经验比你丰富，那你的项目就相当于是为别人策划。有无经验不能决定能否创业，但却能决定创业能否成功。那么，如何提升实践经验呢？

1）借力于社团。

学校社团的活动，从策划到最后实现是个综合过程。参与全局，体验全局，可锻炼组织、协作、资源利用等能力。这是锻炼综合能力最基本的途径。

2）寒暑假外出打工。

现在社会为学生提供了很多打工机会，学生可利用打工充分锻炼自己的综合能力。市场调研、销售、组织、人力资源管理、财务管理、物流管理等各方面能力都可以在打工的过程中或多或少地得到锻炼，加上学习相关理论知识，积累经验是完全可能的。学生打工从事的实际工作往往都是烦琐的或者重复性强的工作，但不能小看这些工作。例如做销售，在此过程中，学生可以观察消费者的消费能力、消费理念、对公司产品及市场相关产品的评价等，掌握市场消息、预测市场需求、洞察市场空白，以市场指导生产。如果担任学生的市场销售团队领导，还可以借机向公司相关销售人员讨教经验，申请到生产现场参观等。担任学生领导，可以带领学生充分发挥团队协作能力，超额完成任务，积累人员管理、物流管理、财务管理等方面的实践经验，以后从事相关项目的创业，在市场方面便有了对照和参考。

3）参与教师科研项目。

参与学校科研项目的同学，有更多接触项目导师的机会。项目导师跟社会的接触往往很紧密，在导师那里能学到很多实践经验。参与科研项目，能通过实验充分锻炼动手能力，找出创业金点子，锻炼策划能力。

4）进入企业实际锻炼。

企业是一个实际创业团队。在这个团队里，锻炼能力积累经验都是可取的。但在企业里，要想独立创业，还需要善于发现全新的创业点子，或在所在企业市场空白处找到创业契机，或自己组建的团队素质高于所在企业的团队，那么独立创业才会有成功的把握。

“眼高手低，纸上谈兵”是一些急于创业的同学的特点。经验不足，缺乏从职业角度整合资源的能力，是学生创业失败的一个重要原因。因此，要想提高创业成功率，最好有一定的实践经验。

中职生创业具有重要的社会价值，如可以促进创业经济体系的形成，加速国家产业结构的调整，助力知识经济时代的成熟等。影响中职生创业的关键因素包括创业者个人综合素质以及个人的性格、爱好与特长，创业者的家庭因素、学校因素和社会因素。同时我们需要认识到，中职生创业拥有其特定的竞争优势，但也存在不可回避的劣势，必须客观评价。

中职生由于其年龄、阅历与知识等方面的限制，使其在创业过程中面临较多的心态、知识、经验、技术与资金等方面的问题。面对诸多瓶颈，中职生需要积极提升个人能力。

课外拓展

撰写创业书

一份好的创业计划书，在经过深思熟虑后，必须能简明扼要地回答五个具体问题：一是理想，即你想建立什么样的公司。二是使命，即顾客为什么要购买公司的产品或服务。三是目标，即打算用什么标准来衡量公司的成败。四是策略，即如何推动公司业务。五是计划，即公司势必如何完成工作。

一页纸创业计划书通常包含如下内容：

1. 宗旨：你想建立什么样的公司

好的企业宗旨能够清楚说明你的经营理念，并激起大家的热情。好的企业宗旨是宏观的，表明伟大的理想，让大家看得见各种可能性，而且是以令人印象深刻的方式来描绘你的梦想。

2. 使命宣言：顾客为什么要购买公司的产品或服务

以简短醒目的用语说明公司使命，同时直接说明为什么顾客愿意花钱购买公司的产品或服务。这正是公司对顾客及所有利害关系人所做的承诺。

3. 目标：打算用什么标准来衡量公司的成败

目标说明公司明确设定要达成的目的，同时指出在达成公司目标的过程中采用什么标准衡量公司的表现。设定的目标必须明确、具体、重要，且排定优先级。简言之，只要能够达成这些目标，公司必能获得成功。

4. 策略：如何推动公司业务

策略设定了公司经营的方向及价值观，同时划定界线，帮助公司保持在正确的轨道上运行。如果你能为公司制定稳当扎实的经营策略，面对重大决策时自然清楚该怎么抉择，因为你早已了然于胸。

5. 计划：公司势必完成的工作

计划是指为了达成目标所应该采取的行动。如果有任何事值得全力以赴，就必须整合公司的策略、目标与计划，使其发挥一致的效益。

当然，千万不要以为一页纸创业计划书，用一页纸就能完全搞定，它是说计划的主体只有一页纸而已。我们需要为其准备充分的附件，使之更具有竞争力和说服力，并且在通过之后更具备可操作性。

这个附件大致包括如下内容：

1. 相应的市场调研报告

你可以准备一些来自中立调查公司的数据或者权威部门发表的报告，同时加上你的分析和结论，这十分重要。

2. 财务报告

财务报告不一定提供给所有人，但是在某些时候，财务报告决定了一份计划能否被认可。

3. 实施计划的组织结构图

它常常是计划实施的有力保证，尤其是面对投资人和董事会时，我们甚至会提供一些重要岗位人员的个人资料，以便确认他们能够担当重任。

4. 一张时间表

无论是未来一个星期还是未来一年、几年，都可做到用一张结构清晰的时间表表现计划中的实施部分。在这张时间表中，X 轴代表时间的延续，Y 轴上是各个打算实施的项目。在交叉分割成的一块块"田地"中，可写下负责人的姓名，甚至写下阶段性的目标、口号、创意，画上符号，标上数字……当然，还可把一些有关联的项目纵向用铅笔圈起来，使之更有整体感。总之，一张这样的时间表使得整个计划书变得更加生动，也使得将来的参与者更加直观地看到自己的位置和责任。还可以把时间表慢慢演化为进度表、绩效考核表等，贯穿于日常工作中。

5. 分解计划

针对一页纸创业计划书中的重要部分或确保计划成功的核心内容，可以在计划之初就同时制定其分解计划。它不必出现在整体计划中来干扰阅读者对计划的理解，以免使阅读者陷入一些细枝末节的纠缠，但是一份分解计划将成为整体计划的注脚，确保计划是具有可操作性的。

6. 从产品研发、人力资源、市场、公关等方面给出相应的备忘

这一点非常必要，因为参与该计划讨论的人员中，可能就有决定是否配备上述资源的关键人物。在讨论计划时就将相应的条件一并确定，可减少在计划落实过程中的羁绊。

7. 成功案例

有些时候需要在计划书后面附上成功案例，它能够说明公司的实力或为创业团队提供信心。

如果你创业，你打算经营什么项目？请根据这里介绍的知识撰写创业书，完成后同学之间进行互评，并与全班同学分享所撰写的创业书。

思考题

1. 简述中职生创业的重要价值。
2. 影响中职生创业的关键因素有哪些?
3. 中职生创业有哪些优势与劣势?
4. 简述中职生创业能力的提升策略。